重庆第二师范学院科研平台"儿童外语教育协同创新中心"（编号：20
语言能力与思维能力双进阶式发展实验研究"（批准号：17PTXM113
目"儿童英语阅读能力与思维技能双发展实验研究"（批准号：2019YB

Thinking Skills

儿童英语阅读能力与思维技能双发展实验研究

ERTONG YINGYU YUEDU NENGLI YU SIWEI JINENG
SHUANGFAZHAN SHIYAN YANJIU

周利君　著

重庆大学出版社

图书在版编目(CIP)数据

儿童英语阅读能力与思维技能双发展实验研究／周
利君著. -- 重庆:重庆大学出版社,2021.7
ISBN 978-7-5689-2713-0

Ⅰ.①儿… Ⅱ.①周… Ⅲ.①英语—阅读教学—儿童
教育—教学研究 Ⅳ.①H319.37

中国版本图书馆 CIP 数据核字(2021)第 093837 号

儿童英语阅读能力与思维技能双发展实验研究
ERTONG YINGYU YUEDU NENGLI YU SIWEI JINENG SHUANGFAZHAN SHIYAN YANJIU

周利君 著

责任编辑:陈 亮 版式设计:陈 亮
责任校对:关德强 责任印制:赵 晟

*

重庆大学出版社出版发行
出版人:饶帮华
社址:重庆市沙坪坝区大学城西路 21 号
邮编:401331
电话:(023)88617190 88617185(中小学)
传真:(023)88617186 88617166
网址:http://www.cqup.com.cn
邮箱:fxk@cqup.com.cn(营销中心)
全国新华书店经销
POD:重庆新生代彩印技术有限公司

*

开本:787mm×1092mm 1/16 印张:10.25 字数:281 千
2021 年 7 月第 1 版 2021 年 7 月第 1 次印刷
ISBN 978-7-5689-2713-0 定价:52.00 元

前　言

核心素养背景下,学习者语言能力和思维能力同步发展受到众多专家、学者、研究人员和教育工作者的关注。自 2015 年开始,重庆第二师范学院外国语言文学学院"外语教育融思促学研究团队"(以下简称"研究团队")成功申报立项了三个省部级项目、一个厅局级项目和两个校级项目,积极致力于英语教育融思促学模式构建、资源开发和实验研究。截至目前,各项目已经完成系列研究成果。本书为系列研究成果之一,旨在通过国内儿童外语教育与思维发展领域实验研究,拓宽外语教育研究视域,创新思维能力研究思路,为广大一线教师在外语教学中融入思维训练、服务学生语言与思维双发展提供有价值的参考。

本书含理论篇、实践篇、反思篇以及附录。

理论篇包括第一章和第二章。第一章从语言的本质到语言教学的本质,从思维的定义与分类、思维能力框架与测评以及思维教学模式,到语言与思维之争和它们之间的关系,帮助读者梳理基本概念,了解全球视野下的研究基础。第二章聚焦儿童英语阅读能力与思维能力发展,从儿童英语阅读研究热点到思维策略、高阶思维与样本资源,为实践篇提供理论依据。

实践篇为第三章。本章在理论篇的基础上,聚焦 2019 年 1 月至 2020 年 6 月研究团队在重庆市 N 区 S 实验小学开展的儿童英语阅读能力与思维技能双发展实验研究,对研究背景、研究设计、研究过程与研究结果进行全面介绍,回顾和反思融入式思维技能训练路径、方法和效果,对从简单思维技能(如记忆、理解、分析、评价等)到复杂思维过程(如批判性思维、创造性思维)认知层级的融入目标、路径和方法等进行总结和提炼,构建了儿童外语教育融入式思维技能训练理论模型。

反思篇包括第四章和第五章,以理论篇和实践篇为基础,从理论研究基础和实验研究结果出发,聚焦儿童英语教育融思促学教师认知和儿童英语教育融思促学活动设计两个方面,对理论篇进行更新与补充,为后续儿童英语语言能力与思维技能双发展实践指明方向和提出对策。

附录则包括实验研究过程中使用的融思促学活动资源、测试试卷、阅读专项指导等的样本。

项目研究过程中得到了英国纽卡斯尔大学林梅博士和汉纳肯博士、重庆大学语言认知及语言应用研究基地(重庆市人文社会科学重点研究基地)曹洪文博士、重庆第二师范学院外国语言文学学院徐飞教授和赵云梅教授等专家和学者的专业指导,重庆市 N 区 S 实验小学校领导、英语教研组、实验教师、实验班级学生和家长们的大力支持,以及重庆第二师范学院外国语言文学学院同行向小婷、雷涵或、左婷婷、汪兴楣、贺倩或、李思萦和学术助理左博文、胡颖、张中慧、孙亮、何玲、易丹、李颜宏、颜冰、罗淞柏等的友情帮助。本书出版过程中得到了重庆大学出版社专业的帮助。在此一并表示衷心的感谢。没有你们的指导、支持和帮助,就没有项目的开展,更没有这本书的出版。最后,我要特别感谢我的父母、先生和儿子。感谢你们为我加油打气,鼓励我坚持做自己喜欢的事,为儿童外语教育与教师专业发展尽自己的一份力!

因学术水平有限,书中难免有错漏之处,敬请专家和同行批评指正。

周利君

2020 年 12 月

CONTENTS
目 录

上 篇

理论篇

2014年3月,教育部颁发了《关于全面深化课程改革落实立德树人根本任务的意见》,明确提出要全面培养学生的核心素养。

2016年9月,教育部正式颁发《中国学生发展核心素养》,明确指出:"学生发展核心素养指学生应具备的,能够适应终身发展和社会发展需要的必备品格和关键能力,是关于学生知识、技能、情感、态度、价值观等多方面要求的综合表现。"核心素养以培养"全面发展的人"为核心,分为文化基础、自主发展、社会参与三个方面,综合表现为人文底蕴、科学精神、学会学习、健康生活、责任担当、实践创新六大素养,具体细化为人文情怀、审美情趣、理性思维、批判质疑、勇于探究、乐学善学、勤于反思、信息意识、珍爱生命、健全人格、自我管理、社会责任、国家认同、国际理解、劳动意识、问题解决、技术运用和人文积淀十八个基本要点。

"核心素养"是新一轮基础教育课程改革的基础,而核心素养中"关键能力"的核心和基础就是认知能力,尤其是思维能力(程晓堂等,2016)。核心素养六大素养十八个基本要点中,科学精神、学会学习和实践创新三大素养下的理性思维、批判质疑、勇于探究、信息意识、问题解决五个基本要点对学生思维能力发展进行了描述。

科学精神主要是指"学生在学习、理解、运用科学知识和技能等方面所形成的价值标准、思维方式和行为表现,具体包括理性思维、批判质疑、勇于探究等基本要点",即"学生要崇尚真知,能理解和掌握基本的科学原理和方法;尊重事实和证据,有实证意识和严谨的求知态度;逻辑清晰,能运用科学的思维方式认识事物、解决问题、指导行为等;要具有问题意识;能独立思考、独立判断;思维缜密,能多角度、辩证地分析问题,做出选择和决定等;要具有好奇心和想象力;能不畏困难,有坚持不懈的探索精神;能大胆尝试,积极寻求有效的问题解决方法等"。

学会学习主要是指"学生在学习意识形成、学习方式方法选择、学习进程评估调控等方面的综合表现,具体包括信息意识等基本要点,即能自觉、有效地获取、评估、鉴别、使用信息等"。

实践创新主要是指"学生在日常活动、问题解决、适应挑战等方面所形成的实践能力、创新意识和行为表现,具体包括问题解决等基本要点,即善于发现和提出问题,有解决问题的兴趣和热情;能依据特定情境和具体条件,选择制订合理的解决方案;具有在复杂环境中行动的能力等"。

核心素养意义深远,不只是课程目标,还是一种崭新的课程观(张华,2016),不仅为课程内容的确定提供了重要依据,还能引领教师课堂教学(石鸥,2016),这标志着基础教育由素质教育迈入全面培养学生核心素养新时期。

2017年版《普通高中英语课程标准》设定基础教育阶段英语课程的总目标是通过英语学习帮助学生在语言技能、语言知识、情感态度、学习策略和文化意识等方面整体发展的基础上形成初步的综合语言运用能力,促进心智发展,提高综合人文素养。其中,语言技能与语言知识是基础,文化意识有利于正确地理解语言和得体地使用语言,有效的学习策略有利于提高学习效率和发展自主学习能力,积极的情感态度有利于促进主动学习和持续发展,五个方面相辅相成,共同促进学生综合语言运用能力的形成与发展。五个方面分别设定了级别标准,其中,语言技能的听、说、读、写等技能提出了五个级别的不同目标要求,其他四个方面则提出了二级和五级的目标要求,二级对应小学毕业,五级对应初中毕业。

2017 年版《普通高中英语课程标准》课程总目标、分级目标和标准中均没有将思维作为英语学习的一个方面进行论述,但在"实施建议"中"教学建议"和"教材辨析建议"部分有五处描述提及"思维":一是"教师应充分了解学生不同的学习经历、学习水平和学习风格,尊重学生的个体特点,充分发掘学生的不同潜能,与学生建立真诚、理解和信任的关系,因材施教,鼓励创新,为学生提供更加广阔的思维空间和自主发展空间,对学生学习过程中出现的问题应给予有针对性的指导"。二是"活动要有明确的交流目的、真实的交流意义和具体的操作要求,并为学生提供展示学习成果的机会,使学生能在个体和合作的实践活动中发展语言与思维能力,并能在展示活动中感受成功"。三是"活动不仅限于课堂,还可延伸到课堂之外。活动应有利于英语学科与其他学科的相互渗透与联系,以促进学生的认知能力、思维能力、审美情趣、想象力和创造力等素质的综合发展"。四是"教师在运用多媒体手段时,要注意目的性、恰当性和合理性。多媒体的使用不能替代师生课堂上真实的语言交流、思维碰撞、情感互动和人际交往活动"。五是"对教材进行合理的开发与利用,才能通过教材更好地激发学生的学习兴趣,开阔学生视野,拓展学生思维,以满足不同学生的学习需求"。

为建立核心素养与课程教学的内在联系,充分挖掘英语学科课程教学对全面贯彻党的教育方针、落实立德树人根本任务、发展素质教育的独特育人价值,2017 年修订出版的《普通高中英语课程标准》基于学科本质凝练了本学科的核心素养,明确了学生学习英语课程后应达成的正确价值观、必备品格和关键能力,对知识与技能、过程与方法、情感态度与价值观三维目标进行了整合,明确提出:"英语学科核心素养主要由语言能力、文化意识、思维品质和学习能力四个方面构成,要求教师应设计具有综合性、关联性和实践性特点的英语学习活动,帮助学生通过学习理解、应用实践、迁移创新等一系列融语言、文化、思维于一体的活动,获取、阐释和评判语篇意义,表达个人观点、意图和情感态度,发展多元思维和批判性思维,提高英语学习能力和运用能力。英语学科核心素养中,语言能力是基础要素,语言能力的提高蕴含着文化意识、思维品质和学习能力的提升;思维品质是心智保障,思维品质的发展有助于学生分析和解决问题能力的提升。"

但是,英语学科,特别是基础教育阶段的英语教学,要全面落实发展学生核心素养的历史重任,发展学生思维能力,首先必须明确语言与思维的本质和关系、语言教学与思维教学的内涵,再从语言、思维与教学出发去探讨学生语言能力与思维能力的发展、教学模式等。

语言、思维与教学

语言的本质是语言研究的基础,语言教学的本质是语言教学研究的基础。同样,思维的定义是思维研究的基础,思维能力模型与测评是思维教学与评价研究的前提。

本章将依次论述语言的本质、语言教学的本质、思维和思维能力定义、思维能力模型、思维能力测评、思维教学模式以及语言与思维的关系。

第一节　语言与语言教学

一　语言的本质

关于语言,世界各国众多专家和学者提出了自己的观点,给出了不同的定义,各种定义之间存在着较大的分歧。经统计,自十九世纪初至二十一世纪初,国内外专家学者和权威工具书上关于语言的定义一共有六十多条。虽然这些代表性定义对语言的功能、范围、系统性、属性和静态与动态等方面所持的观点各不相同,但它们几乎无一例外地都强调语言是人类所特有的,是人类区别于其他动物最根本的特征。潘文国(2001)将这六十多条观点按照语言的自然属性、语言的社会属性、人类的自然属性和人类的历史文化属性四类逐一进行了分析和评价,最终从学科门类的划分视角,强调人类使用语言认知世界和使用语言进行表述这两大特点,将语言定义为"人类认知世界及进行表述的方式与过程"。

语言伴随着人类的劳动和生产发展而来,简单来说,语言由语音、词汇和语法三个部分构成,即现在通常所说的语言知识三大部分。语言是思想交流的工具,但对语言的认识不能唯工具论,因为语言的本质远远不是工具论能够说清楚的(钱冠连,2001)。

不同语言学派对语言的本质描述不同。索绪尔(Saussure)认为:语言是有结构层次之分的符号系统,语言的本质是由组合关系和聚合关系构成的符号系统。系统功能语言学以语言的系统纵聚合关系为主,认为语境决定语义,语义决定形式,语法本质上就是一个语义系统(胡壮麟等,2005)。但功能语言学家们认为:语言规则与意义是相对的,语言决定了或至少影响了人类思维(朱永生等,2001)。而认知语言学家则认为:语言的意义不限于语言内部,而是根植于人与客观世界的互动认知,语言受认知环境和社会环境的制约(赵艳芳,2001)。二语习得社会认知主义理论认为:语言的本质是社会的,语言只有在人与人之间的社会交往层面上才能发生和发展。就语言习得而言,学习者,特别是儿童,不是用肉眼去认识世界,而是用思维去观察和描述世界(刘永兵,2010),所以语言学习过程中,学习者思维发展的真正方向是从社会到个体。对儿童而言,语言学习的过程就是他们认知社会的过程,是他们用思维去观察和用语言描述世界的过程。

二 语言教学的本质

在我国,语言教学活动本身作为一门独立的学科并未引起人们足够的重视(仲哲明,1996),特别是外语教学的本质长期因找不到学科属性理论支持而令从事外语教学实践活动的教师深感困惑与苦恼(夏纪梅,1999)。

外语教学是对具体外语教与学的研究与实践,由外语语言、教与学三个部分组成。其中,外语语言是学习者学习的内容,教与学则是学习者学习的途径。也就是说,外语教学通过教师的教和学生的学来学习外语语言。因此,外语教学界通常将外语教学划归为应用语言学研究领域的一个重要组成部分,甚至将狭义的应用语言学等同为外语教学(桂诗春,2010)。

但斯波斯基(Spolsky,1978)认为把外语教学归属于应用语言学会被理解为对语言学的应用,引起误解,因而提出了"教育语言学",以教育心理学和教育社会学为模型,作为语言学与教育学之间的交叉学科。理查德等(Richards et al., 1985)把教育语言学看成应用语言学的一个分支,而不是完全等同于应用语言学,主要研究语言与教育之间的关系。约翰逊等(Johnson et al., 1998)认为教育语言学是一门暂行的关于语言与教育关系所有问题的语言学分支,强调语言是课堂教育和社会教育过程中必不可少的内容。张国杨等(1996)依据国外的教育语言学,以语言学、心理学和教育学等为基础对外语教学的本质、原则和方法提出了外语教育语言学这一概念,主张将教育学的理论和语言学各分支学科的理论在外语教学中进行综合运用与发展。

对此,夏纪梅(1999)表示外语教学主要解决"教什么""为什么教""谁教/教谁"和"怎么教"的问题,其中语言学对"教什么"和"为什么教"有指导意义,关于"谁教/教谁"和"怎么教",特别是"怎么学"和"怎么教"则属于教育学和心理学范畴,提出外语教学的理论依据应该包括教育学理论、心理学理论、系统论和二语习得理论。教育学理论中的传统理论、经验理论、学科结构理论、行为理论和认知理论等从知识价值、知识结构、人的经历、感知和潜能等不同角度帮助探究不同阶段外语学习目标和内容、外语习得经历与特征、外语学习检测以及外语学习过程中学习者的认知、思维发展等问题。心理学理论主要关注人的情感、认知、动机、记忆和个性等,心理学的众多理论分支对外语教学有指导意义,特别是认知心理学、动机心理学、社会心理学和教育心理学。认知心理学主要指导学习者如何组织和应用知识,包括思维、记忆、遗忘、构思、语言、智力等方面问题。动机心理学表明学习动机在外语教学过程中的作用非常关键。社会心理学则指出外语教学要尽可能地为学习者创造语言环境,学习者在潜移默化中学习外语比在有限的课堂学习要有效得多。教育心理学则指导外语教学帮助学习者改进和提高语言技能。以系统论作为理论基础,桂诗春(1988)提出外语教学是一项系统工程,具有要素、结构与功能、目的性、阶段性和层次性等系统工程必须的条件,其中要素包括教学大纲、教材、教师、学生和环境等,阶段性和层次性指外语教学具有阶段性和层次性;王振华(2004)提出外语教学要基于系统思想的本质属性——整体性、层次性、关联性和统一性。二语习得理论对外语教学的指导意义最大,关注外语教学过程中的各个方面,包括教学方法、教学环境、教学评价等。从二语研究认识论和历史的视角出发,可以把二语习得的主要理论概括为结构行为主义、心灵认知主义和社会认知主义。结构行为主义认为思维过程无法通过观察进行研究,不对思维或认知过程进行研究。心灵认知主义认为语言学研究的目的是揭示语言、思维和认知的本质,可以通过假设—推理的方法得以克服。社会认知主义以维果斯基为代表,主要探究思维与语言、教学与发展的关系问题,认为语言是在服务于参与性思维和行为中历史地发展起来的形式和意义统一的符号系统。

诚然,研究外语教学的本质问题离不开应用语言学的相关理论,但外语教学发展到今天,也不能只停留在应用语言学框架内。如果这样,外语教学将丧失其自身的独立性。但是,要突破对外语教学本质的理解,就需要从现代语言学理论、心理学理论、教学法理论等把握语言内部特征与外部功能的统一、智力因素与非智力因素的统一、内化与外化的统一(孙瑞云,2016)。语言内部特征为教与学提供对象化知识,语言外部功能为教学提供语言范本,通过现实中的交际与思维帮助学习者理解语言内部特征。智力因素对外语教学起基础作用,非智力因素对外语教学起调节作用,二者在外语教学中相辅相成,共同决定外语教学效果。外语教学中的内化是将语言知识内容转化为学习者的个体认识,外化则是学习者把掌握的外语知识转化为语言行为。

外语教学总是在一定理论的指导下来实现的。面临日新月异的挑战,外语教学必须科学借鉴相关理论,摆脱对具体外语教学法优劣的争论,充分重视外语教学理论研究的三个层次:本体论、实践论和方法论(束定芳等,1996)。

外语教学的具体操作场域是课堂教学,包括教学模式、教学方法和教学技巧的具体实施,涉及语言技能的具体教法(范琳等,2004)。外语教学的改革与研究,在课堂教学实践中不断发现新的现象,提出新问题、新假设,并加以验证,对推动外语教学意义重大。

第二节　思维与思维教学

一　思维的定义

1910 年,杜威(Dewey, 1910) 在 *How We Think* 一书中就人类思维的本质进行了探讨,运用大量日常生活案例阐述了什么是思维、思维训练的重要意义以及如何针对儿童开展思维训练。

关于思维(Thinking 或 Thought),杜威认为从广义到狭义可以分为四种情况。其中最常见的一种说法就是凡人类大脑想到的都可以说是思维;相比第一种,第二种稍微具体一点,认为思维是人类对自己并没有直接见到、听到、嗅到、接触到的事物的想法;第三种则强调信念和证据,认为思维是人类根据某种证据得出的自己的信念,但也分为两种不同的情况:在某些情况下,人类得出自己的信念之前并没有多想,甚至完全没有思考依据,因此,信念的依据可能是充足的,也可能是不充足的,但人类可能并没有考虑到这一点就接受了某种见解,形成了自己的信念;而在另一些情况下,人类形成信念之前先用心收集证据,验证了证据的可信度,也就是说对任何一个信念,都以积极的、执着的、用心的态度去考虑它的依据是否成立,能够得出什么结论,整个过程构成"思维"。因此,杜威强调"思维不应只是一串想法,而应该是连贯有序的"。

广义的思维(Thinking)就是日常所说的"思考",也就是"想一想",即只包括"想的活动",因此,多数心理学家认为,思维是一种心理现象。但更具体一点,思维应包括想的过程,就是思考(思维)或者思维过程(Thinking Process),包括"思考"和"信念"两个方面,不仅指不同程度或不同阶段"想的活动",还包括"想的内容"(Thought)以及不同程度或不同阶段"想的结果"。

江丕权和李越(2000)对国内外关于思维的十七种定义从教育的角度,结合《辞海》中对思维的定义:思维既指认识过程,也指认识结果;思维是人脑对客观事物间接的、概括的反映,对其余十六种定义进行逐一分析后,建议将思维定义为:人脑对其知觉、表象、词语的加工过程,它以概括的形式,力求反映客观事物的本质和规律,以内隐的或者外显的动作、形象或言语表现出来。

思维是哲学认识论、逻辑学、神经心理学、语言学、控制论、信息论和心理学等多门科学的研究对象。不同领域对思维的定义不同。从哲学和逻辑学角度,思维通常被看作是"做判断",以恩尼斯(Ennis)、利普曼(Lipman)和保罗(Paul)为代表,他们强调批判性思维的培养,主张在培养学习者思维技能的同时,培养学习者思考、倾听、尊重等思维倾向,引导学习者参与合作学习与对话,发展推理、思辨和社交等技能。从心理学视角,思维是认知的,包括信息处理、知识控制,以解决问题为目标。从社会学视角,思维就是"寻求意义",发生在直接或者间接的社会影响下,以重建知识为目标,因此思维具有社会性下的个体性。

随着这些学科的发展,思维被认为是人类特有的高级认识活动,是人脑特有的一种机能,是"人脑对客观事物的本质和事物内在的规律性关系的概括与间接的反映过程"(朱智贤等,2002)。在教育语境下,思维被定义为"带有目的性、有意识地去记忆、构成概念、做计划、想象、推理、解决问题、思考观点、做决策和判断,并产生新观点的过程"(Monseley et al.,2005)。

思维以感知为基础,对新输入的信息与大脑中储存的知识经验进行一系列复杂的心智操作,探索与发现事物的内部本质联系和规律性。思维涉及所有的智力或认知活动,这些活动或简单或复杂。思维是认识过程的高级阶段。思维对事物的间接反映,是借助于图式——已有的知识和经验来完成的,图式是思维的基础。思维具有概括性、间接性、逻辑性、目的性、问题性、层次性和生产性六个主要特征(朱智贤等,2002)。概括性是思维最显著的特征。思维凭借知识经验对客观事物进行间接反映。没有知识经验作为中介,思维的间接性就无法产生。思维的逻辑性是指思维过程要按照一定的规律进行,要有一定的形式和方法。思维总是指向某个问题的解决,因此思维过程也就是解决问题的过程。思维的问题性表现在对问题或者思维任务的理解上。思维的层次性主要体现在思维的智力品质上,可以从敏捷性、灵活性、深刻性、独创性和批判性五个方面进行评价。思维的生产性则主要是指思维的能动作用。

思维如此复杂、多样。如何对思维进行分类,不同的学者提出了不同的观点。

江丕权和李越(2000)从不同角度对思维进行分析后提出不同的分类方式:从思维活动

的凭借物来看,可以分为动作思维、形象思维和抽象(逻辑)思维;从思维活动面向问题探索答案的方向来看,可以分为收敛思维和发散思维;从思维的表达方式来看,可以分为交流思维和无声(形)思维;从思维过程的突发或者有序来看,可以分为分析思维和直觉思维;从思维的独创性来看,可以分为常规思维和创造思维;还可以根据思维的意识性,分为内向性思维(我向思维)和现实性思维;根据思维适应人类实践活动目的的不同,分为推理思维和决策思维等。

朱智贤和林崇德(2002)汇总多名心理学家和逻辑学家观点,提出可根据抽象程度、实践活动目的性、智力品质以及意识性等四个标准对思维进行分类。按照抽象程度,思维可分为直观行动思维、具体形象思维和抽象逻辑思维,三者是思维发生和发展都要经历的三个阶段。直观行动思维又叫感知运动或者动作思维,是指直接与物质活动相联系的思维。具体形象思维是一般形象思维的初级形态,是以具体表象作为材料的思维。抽象逻辑思维是指在实践活动和感性经验基础上以抽象概念为形式的思维,是一切正常人的思维,是人类思维的核心形态。按照实践活动的目的性不同,可分为上升性思维、求解性思维、决策性思维(或决断性思维)三种思维活动类型。上升性思维以实践所提供的个别性经验为起点,整个思维活动的目的是使个别性认识上升为普遍性认识。求解性思维则始终围绕问题展开,从提出问题到寻找能使已有知识与当前现状之间联结起来的中间环节,从而使问题得到解决。决策性(或决断性)思维则是以规范未来的实验过程和预测其效果为中心内容的思维活动。按照智力品质,思维可以分为再现性思维和创造性思维。再现性思维即一般的思维活动,而创造性思维则是人类思维的高级过程,往往与创造性活动联系在一起。从思维的意识性,可分为我向思维和现实性思维。我向思维是原始思维方式,意识性极差,思维过程不符合逻辑,现实性思维则是正常人的思维,对客观真实具有适应性,一般而言,主要是指逻辑思维。

朱光潜(2011)在《文艺心理学》一书中,也提出了多个思维分类方式:根据思维的形式,可以分为感性具象思维、抽象逻辑思维和理性具象思维。根据思维目的,可以分为上升性思维、求解性思维和决断性思维。根据思维方向,可以分为聚合思维和发散思维。根据思维行为存在的形态,可以分为个体思维和群体思维。根据思维的清晰程度,可以分为直觉思维和分析思维。

二 思维能力概念

思维具有全民性。如同思维是人脑特有的一种机能,思维能力是全人类共同的认识世界的能力(朱智贤等,2002)。

思维能力是智力的子集,但思维能力(Thinking Ability 或者 Thinking Capacity)与思维技能(Thinking Skills)是不同的概念(王淑花等,2010)。思维是对感官输入和记忆中的信息进行心理控制,从而发现意义、进行推理、形成思想和判断的复杂心理活动,往往涉及多层面的处理机制,会同时或反复使用很多的技能、知识和信息。而思维技能则是些离散的、可以准确描述的心理活动,比如记忆、判断、分类、预测、综合、推理、下结论等(Beyer,1991)。

思维能力从属于认知能力,大脑将新旧知识联系起来,用思维过程去构建知识。思维过程和思维结果是统一的(林崇德,2006)。思维过程以思维技能为工具,由多种思维技能组成更为复杂的过程;思维技能表现形式可视、可量,但数量众多。思维技能相对于思维能力理解难度系数低,且在教学中具有更强的实操性。思维技能是有效思维的基石或者工具。

布鲁姆教育目标分类体系,为测验设计和课程开发提供了基本的依据(Lewy,1994),被国际教育界广泛采用。随着分类体系研究的发展,安德森等(Anderson et al.,2001)汇集认知心理学、课程研究、教育研究和语言测试等方面研究成果,发布了更符合 21 世纪教育教学改革发展的教育目标分类体系修订版(简称修订版)。

修订版分类框架主要包括认知过程和知识两个维度。其中,认知过程维度包括六大类别:记忆/回忆(Remember)、理解(Understand)、应用(Apply)、分析(Analyze)、评价(Evaluate)和创造(Create)(Anderson et al.,2001),每个层次下面又包含若干子类别的思维技能类型,形成由易到难、由简单到复杂的目标层次结构,如表 1.1 所示,通常将前三个层级归为低阶思维,后三个层级归为高阶思维。

无论是低阶思维还是高阶思维,都是运用思维的基础技能,即思维技能,也称为思维操作或者心智操作,它们互相联系、互相作用,借助于它们,人们才能不断认识世界,提出和解决实践中的各种问题。

表 1.1 布鲁姆教育目标分类认知过程维度表

认知类别	认知过程	同义词	思维层级
记忆/回忆(Remember)	识别(Recognizing)	辨认(Identifying)	低阶思维
	回忆(Recalling)	提取(Retrieving)	
理解(Understand)	解释(Interpreting)	澄清(Clarifying) 释义(Paraphrasing) 描述(Representing) 转化(Translating)	低阶思维
	举例(Exemplifying)	示例(Illustrating) 实例化(Instantiating)	
	分类(Classifying)	归类(Categorizing) 归入(Subsuming)	
	总结(Summarizing)	概括(Abstracting) 归纳(Generalizing)	
	推断(Inferring)	断定(Concluding) 外推(Extrapolating) 内推(Interpolating) 预测(Predicting)	
	比较(Comparing)	对比(Contrasting) 对应(Mapping) 匹配(Matching)	
	说明(Explaining)	建模(Constructing Models)	

续表

认知类别	认知过程	同义词	思维层级
应用（Apply）	执行（Executing）	实行（Carrying Out）	低阶思维
	实施（Implementing）	使用,运用（Using）	
分析（Analyze）	区别（Differentiating）	辨别（Discriminating） 区分（Distinguishing） 聚焦（Focusing） 选择（Selecting）	高阶思维
	组织（Organizing）	发现连贯性（Finding Coherence） 整合（Integrating） 概述（Outlining） 分解（Parsing） 构成（Structuring）	
	归因（Attributing）	解构（Deconstructing）	
评价（Evaluate）	检查（Checking）	协调（Coordinating） 查明（Detecting） 监控（Monitoring） 检验（Testing）	高阶思维
	评论（Critiquing）	判断（Judging）	
创造（Create）	产生（Generating）	假设（Hypothesizing）	高阶思维
	计划（Planning）	设计（Designing）	
	生成（Producing）	建构（Constructing）	

除了思维技能,思维能力培养中也有学者明确提出要特别注意思维倾向（Thinking Disposition）的培养。例如:特尔斐项目组（Delphi Project）的双维结构思辨能力模型中的情感特质、理查德·保罗（Richard Paul）的三元结构模型中的智力特征、林崇德的三棱结构模型中思维的非认知因素以及文秋芳的思维能力层级理论模型中的情感。这些模型中关于思维倾向的内容不完全相同,但存在较大的共性,详见思维能力模型介绍。

值得注意的是,我国目前的相关研究中存在将"批判性思维能力""思辨能力"与"思维能力"的概念互相代替的情况（郭宝仙等,2017）,而思辨能力只是思维能力的重要组成部分,并不囊括思维能力的全部内容（文秋芳等,2009）。

在英语教育中,思维能力包括"联系英语概念与周围世界的能力、提炼事物共同特征、利用语言构建新概念、从不同角度进行理解、推断"的能力（程晓堂等,2016）。

三 思维能力模型

国内外学者重点关注思维能力模型,对思维能力培养从内容上进行了构建。国外学者多从教育学视角,根据思维教育的内容,从元认知技能、认知技能等方面构建思维能力模型。与此同时,也有学者基于思维能力要素的角度构建了一些具有影响力的思维能力理论框架。国内学者在对国外思维能力模型评述的基础上,构建了适合我国学生英语学科思维能力的模型。

(一)国外思维能力模型

从元认知技能方面,平特里奇(Pintrich,2000)提出了自我调控学习策略(Framework for Self-regulated Learning),如图 1.1 所示,将自我调控分为计划(基于目标导向)、调控(基于自我意识与元认知)、控制(基于策略选择)及反馈(基于对任务的评价)四个阶段,聚焦学习过程中的自我调控。

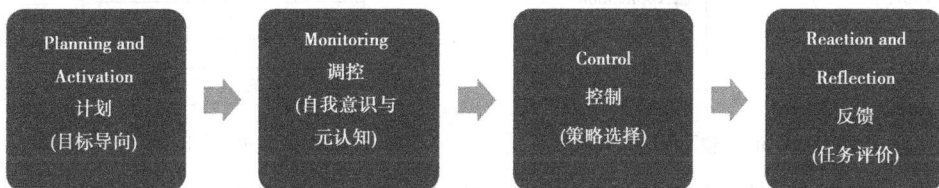

图 1.1　自我调控学习策略(Framework for Self-regulated Learning)

相较而言,学者们更关注认知技能及其与其他技能的结合。布鲁姆提出了教育目标分类体系:知识、领会、应用、分析、综合和评价,为测验设计和课程开发提供了基本的依据,被国际教育界广泛采用。随着分类体系研究的发展,安德森等汇集认知心理学、课程研究、教育研究和语言测试等方面的研究成果,发布了更符合 21 世纪教育教学改革发展的教育目标分类体系的修订版,如图 1.2 所示,将原有的教育目标分类词性从名词转换为动词,强调教育过程中学习者的学习行为;将原来的"知识"维度单列出来,替换为认知动词"记忆";将原来界定不够清晰的"综合"替换为更加具体的"评价";在原有的"评价"基础上增加更高端的目标"创造"。整体上,目标分类层级更加清晰、可操作,一维框架升级为二维框架。

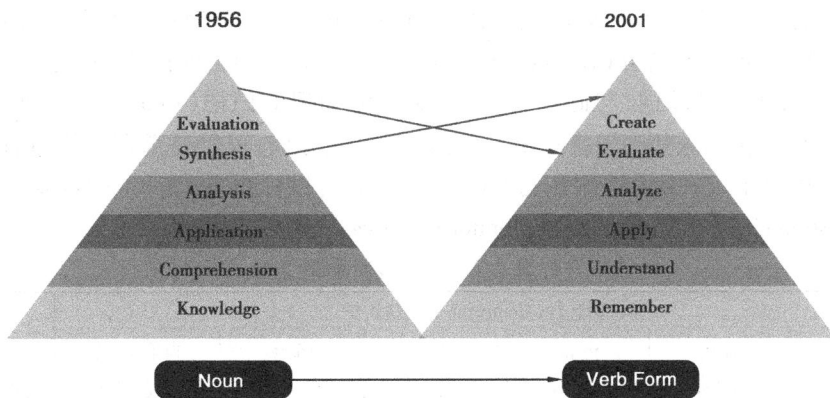

图 1.2　布鲁姆教育目标分类(修订版)

而后,为了提高理论模型的可操作性,沃特斯(Waters,2006)根据学习者与学习材料之间的关系,构建了新的教育目标分类模型。他认为:当学习者与学习材料发生直接的关系时,他们主要是对学习材料开展记忆(Memory)和翻译(Translation)等认知活动,而当学习者走出学习材料时,他们主要是基于学习材料开展理解(Interpretation)、应用(Application)、分析(Analysis)、综合(Synthesis)、评价(Evaluation)等认知活动,如图1.3所示,这一分类模型明确了学习者学习过程中使用学习材料时和走出学习材料后需要进行的不同认知技能训练,为英语的实际教学提供了一定的便利,但这一分类模型和布鲁姆教育目标分类体系一样缺少了"创造"思维技能层级,和安德森等的教育目标分类体系的修订版一样没有提及学习者的情感特质等相关因素。

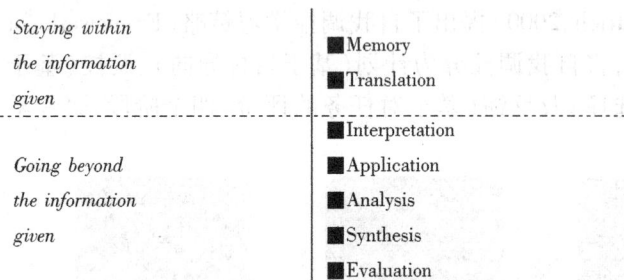

Staying within the information given

■ Memory
■ Translation

Going beyond the information given

■ Interpretation
■ Application
■ Analysis
■ Synthesis
■ Evaluation

图1.3　Waters教育目标分类模型

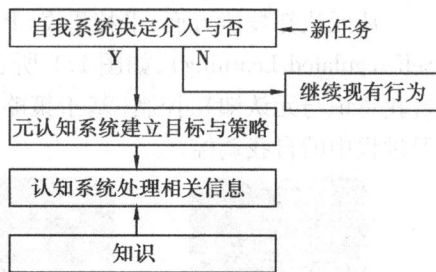

图1.4　人的学习行为模型

另一个结合认知技能与元认知技能的模式是人的学习行为模型(Marzano et al., 2006),如图1.4所示,包含三个思维系统(自我系统、元认知系统、认知系统)与一个知识系统,将学习描述为思维系统作用于知识系统的过程。自我系统是学习的总开关,当有新任务到达时,自我系统对任务进行重要性、自我效能感及情感反映检查并形成总体动机,从而决定是否接受新任务。如果介入,就调用元认知系统指挥认知系统处理知识,元认知系统负责设定目标和制订策略,认知系统负责加工处理相关信息,在执行的过程中学习者的知识予以支持。如果自我系统关闭,再好的元认知能力和认知能力都只能闲置,学习者继续当前的行为。

特尔斐项目组(Delphi Project)构建了思辨能力双维结构模型,如表1.2所示,将平特里奇(Pintrich)的元认知技能(即自我调控学习技能)与布鲁姆、马扎诺模型中的认知技能相连,包括认知能力和情感特质两个方面(文秋芳等,2009),但该模型对思维能力的构建也存在一定的不足:在认知技能方面,明确了阐释(Interpretation)、分析(Analysis)、评价(Evaluation)、推理(Inference)和解释(Explanation)等相对而言高阶的思维技能,但这些技能使用的仍是名词形式,而不是动词,与此同时,缺少对具体知识的识记(Remember)、理解(Understand)和应用(Apply)等基础思维技能;在元认知技能方面,仅仅要求在思维过程中开展自我评估与自我纠正,缺少了计划制订(Making Plan)、目标设定(Setting Goals)、策略选择(Selecting Strategies)以及过程监控(Monitoring Process)等环节。

表1.2　双维结构模型

认知能力(Cognitive Skills)						情感特质(Affective Dispositions)
阐释(Interpretation)	分析(Analysis)	评价(Evaluation)	推理(Inference)	解释(Explanation)	自我调节(Self-regulation)	
归类 理解意义 澄清意思	分析看法 找出证据 分析论证 过程	评价观点 评价论据	质疑证据 提出替代 假设得出 结论	陈述结果 说明方法 得出结论	自我评估 自我纠正	好奇、自信 开朗、灵活 公正、诚实 谨慎、好学 善解人意等

表 1.3 三元结构模型

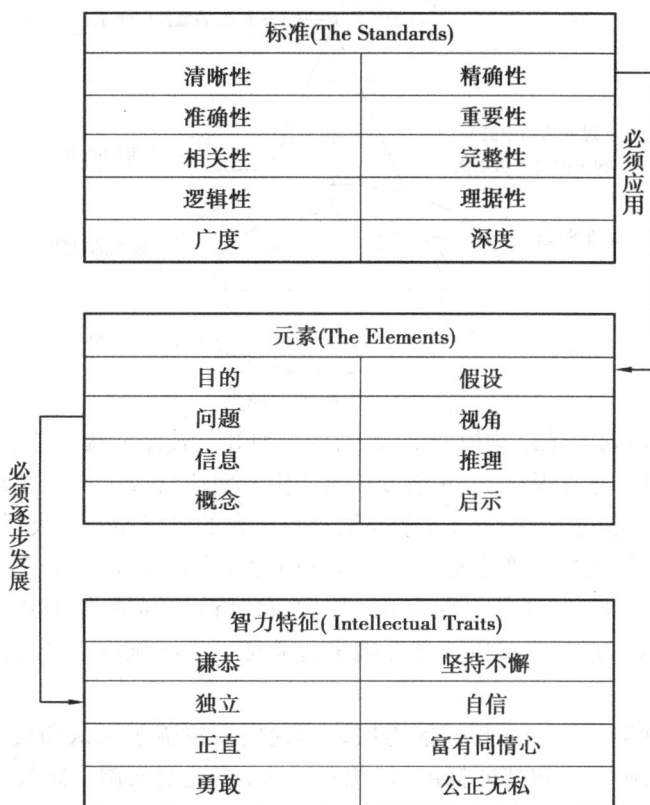

标准(The Standards)	
清晰性	精确性
准确性	重要性
相关性	完整性
逻辑性	理据性
广度	深度

必须应用

元素(The Elements)	
目的	假设
问题	视角
信息	推理
概念	启示

必须逐步发展

智力特征(Intellectual Traits)	
谦恭	坚持不懈
独立	自信
正直	富有同情心
勇敢	公正无私

里查德·保罗(Richard Paul)等在双维结构模型的基础上提出了三元结构模型,如表1.3所示,包含十条标准(The Standards)、八个思维元素(The Elements)、八个智力特征(Intellectual Traits)三个维度(文秋芳等,2009)。其中,思维元素位于结构的中心,且三个维度有进度先后之分,即标准用来衡量思维元素,而人的智力特征随思维元素的发展而发展。

与双维结构模型相比,三元结构模型将认知技能替换为思维元素,并增加了部分条目,带有一定的目的导向性,但也导致标准太过抽象和复杂,在实际教育和评估过程中,对标准下的条目较难进行测量和解释,如精确性与准确性、相关性与逻辑性的概念有交叉,深度和广度难以实际测量。

(二)国内思维能力模型

林崇德(2006)构建了思维的三棱结构模型,如图1.5所示,包括思维的目的、过程、材料、品质、自我监控、认知因素与非认知因素。该结构模型中的思维目的与三元结构模型中"思维元素的目的性"相似,都带有一定程度上的目的导向性;思维过程则遵循了"设立目标、接受信息、加工编码、抽象概括、操作运用"的顺序,与前述国外的几个模型有相似之处;思维品质对应三元结构模型的"标准";思维的自我监控对应平特里奇(Pintrich)的自我调控学习策略;思维的非认知因素对应前述几个模型共有的情感特质或智力特征。林崇德的模型最突出的差别在于它对思维的材料进行了分类阐述,即感性材料与理性材料。但在实际教学中,感性材料(包括感觉、知觉、表象等)不便用言语表达和描述,难以观测和评估。

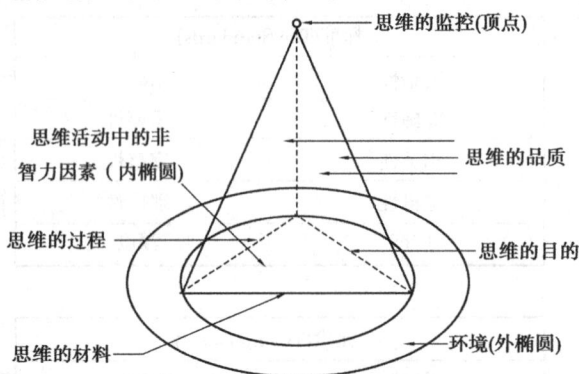

图 1.5　三棱结构模型

文秋芳等(2009)对双维结构模型、三元结构模型和三棱结构模型进行了详细的对比分析,认为双维结构模型更直观科学,并融入三元结构模型的"标准"与三棱结构模型的"自我监控",构建出一个全新的、应用于大学生英语学科教育的思辨能力层级理论模型(如表 1.4 所示)。在这一思辨能力层级理论模型中,元思辨能力(自我调控能力)受到高度重视,被独立出来,设置为第一层次;思辨能力作为第二层次,包括认知和情感,其中,认知被浓缩为分析、推理、评价三个高阶类别,辅以五条标准进行验证。情感维度与认知维度并行,缩减为五个条目。

整体而言,文秋芳等提出的思辨能力层级理论模型覆盖了元认知技能、认知技能和情感特质三个方面,明确了认知技能标准,但相对而言,该模型强调高阶技能,更适合大学阶段的学习者。

表 1.4　思辨能力层级理论模型

元思辨能力(自我调控能力)——第一层次		
思辨能力——第二层次		
认知		情感
技能	标准	
分析(归类、识别、比较、澄清、区分、阐释等) 推理(质疑、假设、推论、阐述、论证等) 评价(评判预设、假定、论点论据、结论等)	精晰性(清晰、精确) 相关性(切题、详略得当、主次分明) 逻辑性(条理清楚、说理有根有据) 深刻性(有广度与深度) 灵活性(快速变化角度、娴熟自如地交替使用不同思辨技能)	好奇(好疑、好问、好学) 开放(容忍、尊重不同意见,乐于修正自己的不当观点) 自信(相信自己的判断能力、敢于挑战权威) 正直(追求真理、主张正义) 坚毅(有决心、毅力,不轻易放弃)

综上所述,国内外思维能力模型基于不同的理论基础,对思维能力进行了不同维度的构建,但整体而言,各类模型大多包括认知和情感两个维度。

四 思维能力测评

思维能力概念内涵丰富,思维能力模型构建要素众多,但如何测评则更具挑战性。国内外专家和学者多在思维能力模型构建的基础上,研发和验证思维能力测评工具。但无论是哪种测评量具,都难以将单一的思维技能从认知中剥离出来(王建卿等,2011)。若要开展综合全面的测评,就必须多套量具综合使用,过程复杂,操作难度大。

(一)国外思维能力测评

国外专家和学者在思维能力模型构建的基础上研发的代表性思维能力测评工具主要有批判性思维人格倾向测评、批判性思维技能测评及综合测评(文秋芳等,2009),代表性思维测评量具有康奈尔批判性思维测评(Cornell Critical Thinking Test, CCTT)、加利福尼亚思辨技能测评量表(California Critical Thinking Skills Test, CCTST)和加利福尼亚思辨倾向问卷(California Critical Thinking Disposition Inventory, CCTDI),这些量具基本采用选择题、等级量表等客观题型,测试内容覆盖学习者思维技能和情感要素(马利红等,2019;文秋芳等,2009)。

(二)国内思维能力测评

国内学者文秋芳在构建思辨能力层级理论模型的基础上,参考国外思维能力测评量具,通过大规模测评、修订,提出了用于测试外语类大学生的思辨能力量具。采用识别假设、推论、匹配相似推理、评价推理、评价论据、数字图表识别、评价结论、评价陈述、案例评价推论等题型匹配五条认知标准对思辨能力层级理论模型中第二层次思辨能力中的认知技能:分析、推理、评价进行测评。与此同时,辅以访谈、问卷形式,按照情感特质的五个条目,对被测试者思辨过程中的情感态度进行测评。整个测评过程以书面测试和交流访谈的双重形式达到综合测评的目的(文秋芳等,2010a;文秋芳等,2010b),操作起来相对复杂,难度大。最重要的是,该测评量具未能对模型中的第一层次——元思辨能力进行测试,即测评学习者如何开展自我评估与自我修正。

五 思维教学模式

全球很多国家的学校教育把培养学习者思维能力当作重要的教学目标。首先,教育需要促使学习者运用恰当的理性思维。其次,思维是智力的子集,是掌握课程内容的工具,可以促进学习者建构意义,理解和转化知识,避免养成惰性。再者,学习者必须具备终身学习能力。学会学习和学会思考是公民教育中的核心要素。最后,人的重要认知发展阶段都是在学校完成的,在学校教育中培养学习者思维能力非常必要也非常迫切(王淑华等,2010)。人的思维能力是可以训练、培养和开发的,人的思维发展是有规律可循的,因为,学校教育,无论是教育学习者"学会学习""学会生存""学会做人"还是"学会合作",只有"学会思考",才是最重要的(刘道义,2018)。

思维教学探究从杜威的如何教学思维开始,在20世纪70到80年代达到高潮,在全球范围内兴起(赵国庆,2013;郖庭瑨等,2010)。思维领域研究者越来越重视非智力因素在思维发展中的作用,重视对思维技能迁移的研究,世界各国越来越多学校将思维教学纳入国家课程体系(李伟,2011)。

思维能力与思维技能是两个不同的概念,思维技能表现形式相较于思维能力,理解难度系数低,更加可视可量,也具有更强的实操性,得到了专家和学者们的认同。因此,思维能力培养过程,即思维教学中,应以思维技能为工具,由多种思维技能组成更为复杂的过程(Marzano,1988)。

但关于思维能力培养与学科教学,学者们则有着不同的观点。以德·波诺(De Bono)和费尔斯坦(Feuerstein)为代表的学者首先认可一般思维技能(Generic Thinking Skills)的存在,明确地教给学习者思考的原则和方法即可,不必加重学科教学负担。以麦克匹克(McPeck)为代表的学者则认为每个学科培养的思维是不同的,可以在具体的学科领域通过学习知识和方法培养学习者具体领域的思维技能。以拜尔(Beyer)为代表的学者则持中间态度,认为既存在适合于所有学科的一般思维技能,也有适合于具体学科的特有思维技能,直接教授思维技能或者将思维技能与学科教学进行融合都是可行的。

除此以外,国外学者还提出了"过程模式""内容模式"和"注入模式"三种思维教学模式(王帅,2011),或"附加式思维教学(Bolt-on Approach)""嵌入式思维教学(Embedded Approach)"和"融入式思维教学(Infusion Approach)"三大类(Dewey et al.,2009;赵国庆,2013),其中"注入模式"或"融入式思维教学"融合思维训练教学和学科教学,学科的特殊性对思维技能提供了更有针对性的选择和运用,学科教学目标和思维能力发展更加清晰。

在语言领域,"注入模式"思维技能训练得到广泛实践:以思维理论框架为依托,涵盖不同层级思维技能训练,从低级到高级、基础到复杂(Bloom,1956;Marzano,1988;Udall et al.,1991);或运用具体的教学活动在听、说、读、写中做融合式训练,借用一种或多种思维工具(思维导图、概念图、思维地图)作为辅助,挑战思维、激发兴趣和训练语言。

国内英语教学研究者和教育工作者从教学的各个维度对思维品质培养进行了广泛探究,比如尝试在英语词汇、阅读、写作等教学中运用思维导图等思维工具、在对话教学中选择提问策略、探索高阶思维的培养路径等(吴芳,2018;倪月等,2020),认为:英语学科语言知识和语言技能教学过程中,需要提高学习者的逻辑性思维、批判性思维和创造性思维(刘道义,2018),发现:英语学习对学生的认知能力有积极的作用(程晓堂,2014),英语能够引导学生用另一种认知的方法思维(王烨晖等,2015);英语学科教学有助于提升学生思维品质,尤其对提升思维的准确性、深刻性、灵活性等方面有着显著作用(鲁子问,2016),具有培养通用思维能力的价值。但在外语教学中培养学生思维能力要做到以下几点:培养学生的创造性思维能力;指导学生正确运用迁移规律;帮助学生克服思维定式对学习的影响;充分认识中西方思维方式的不同;培养学生独立思考和善于思考的能力;培养学生语言运用的能力(王鲜杰,1999)。最重要的是,思维教学活动必须通过对思维技能、思维过程、思维工具等进行显性教授才能具体化(Hyerle,1996;Marzano et al.,2006;Buzan et al.,1996)。

除此以外,关于思维能力培养与年龄的探究,专家和学者们也持不同的观点。皮亚杰从行为主义出发,认为人的认知发展分为感知运动、前运算、具体运算和形式运算四个阶段,按照顺序依次发展。随着布鲁姆教育目标分类学的修订版的发布,研究者们广泛引用并开始重视分析、评价和创造等高阶思维的培养。但关于高阶思维的培养年龄阶段,以利普曼(Lipman)和西格勒(Siegler)为代表的学者们表示思维的复杂程度可以通过适当形式的训练得以提高,而不是依据生物发展阶段而定的;培养不同年龄阶段学习者的思维能力,不应存在类的差别,而应只有度的差别;相比之下,年龄越小的学习者,越需要得到更多的思维支持,年龄越大的学习者,越需要给予更多的思维自由。

虽然国内外思维能力培养研究覆盖了学校教育的各个年龄阶段,从小学、中学到大学,但在教学实践中究竟需要培养哪些思维技能,只有部分研究者基于他们自己的实践提出了他们认为需要培养的思维技能,但未形成一份明确的清单。而关于如何去确定,拜尔(Beyer,1991)提出了五种中学教师可以在教学实践中确定教哪些思维技能的方法,包括可参考培养思维能力的教科书;可参考所教课本或者专家建议的思维技能;课程指南中规定的学习目标;国家考试中反映出的思维技能;通过测试发现学生缺乏的思维技能。

无论采取哪种思维教学模式,要培养学习者的思维能力,都要对他们进行大量的思维活动训练。思维培养的突破口,从教学实验来看,就是自始至终将思维训练放在首位(林崇德,2006)。不论这些思维活动是训练一般通识的思维技能还是针对特殊学科或者特殊年龄学习者的思维技能,都要在思维的过程中以思维的基本形式指导和帮助学习者提高思维品质,重点抓住三个可操作点:抓概括能力训练,作为思维训练的基础;抓思维的深刻性、灵活性、创造性、批判性和敏捷性,作为思维训练的突破口;抓逻辑思维能力,作为思维发展的目标(林崇德,2015)。

第三节 语言与思维的关系

一 语言与思维之争

语言与思维的关系既是一个十分复杂的哲学问题,也一直是最有趣、最富于争论性的语言学问题之一。哲学家和语言学家从不同的学科领域提出了不同的看法。

柏拉图最早提出"等同说"。他认为,思维就是对自己说话,只是无声的,即思维和语言是同一事物,语言是出声的思维,而思维是无声的语言。这一观点受到语言学界的认可,学者们普遍认同:没有语言的思维和没有思维的语言都是不存在的(赵德远,2001)。

但恩格斯(1957)指出:"语言是从劳动当中和劳动一起产生出来的。"从"劳动创造语言"这一原理可以推断出在语言被创造出来之前人类就已经有了思维,也就是"先有思维后有语言"(伍铁平,1980)。思维先于语言论者认为思维与语言在实际产生过程中存在先后顺序,两者不是同时产生的,可以相互独立和分离,因而也就不能"等同"。

在持等同论和分离论两种不同观点的学者们进行争议的过程中,语言决定思维还是思维决定语言的争议成为研究思维和语言关系的重要理论依据。

美国语言学家萨丕尔(Sapir,1921)和沃尔夫(Wharf,1956)提出思维结构与语言结构之间存在着密切关系,即"语言决定思维",认为:语言影响甚至决定思维,思维模式随着语言的不同而不同,也就是说,语言不同,思维也就不同,学习任何一种语言的目的是学会用这种语言来思维。但是萨丕尔-沃尔夫假说的观点也分为两派：语言决定论和语言相对论。语言决定论认为语言不同的人，思维也是不同的。语言相对论则认为不同语言的不同结构会影响人们思维的方式。

"思维决定语言"认知假说派以皮亚杰为代表，他们不把语言当成逻辑的起源，认为语言具有人类的共同特征，这正是由思维的语言具有的共同性来决定的，人的思维能力在发生和发展方面都早于使用语言的能力，例如，从事非语言性认知活动。

如同难以分清先有鸡还是先有蛋一样，语言与思维出现的先后顺序也是无法分清的，但不可否认，如果把语言与思维完全分离，就会否认语言和思维之间存在的紧密关系，影响有关语言与思维之间内在关系的研究（王小潞等，2006）。

二 语言与思维相互作用

20世纪80年代杜威提出，尽管语言并不是思维，但对于交流思想、传递信息以及对于思维本身来讲，却都是必需的。语言是思维的工具，语言同思维有着特别密切的关系。思维最初是人脑借助于语言对事物的概括和间接的反映过程。思维以感知为基础又超越感知的界限。通常意义上的思维，涉及所有的认知或智力活动。它探索与发现事物的内部本质联系和规律性，是认识过程的高级阶段。

思维的物质外壳是语言，语言是思维最适宜的刺激物，因为语言具有概括性。在思维的分类中，不同类别的思维都需要语言参加，比如，动作思维和形象思维除了要依靠动作或具体形象和表象外，也有语言参加；抽象思维主要依靠词和概念，更加离不开语言。思维先发生于语言，语言是在劳动和思维互相作用下产生的。有了语言，思维就获得了向抽象性、概念性发展的手段，思维成果在语言中得到了保存，又通过语言来进行传达和交流（王鲜杰，1999），思维创造语言，语言是思维的主要表现形式，为思维提供间接的内容。从个体成长史来看，一旦学习者开始学习语言，语言与思维就密不可分（朱智贤等，2002）。语言既是人际交流的中介，又是个体思维的中介，体现个人认知的成果（郭宝仙等，2017）。

因此，语言与思维是既有区别又有联系的统一体。语言是思维的工具，思维是语言表达的内容，没有语言，学习者就不可能进行理性思考；没有思维，语言就没有存在的必要（文秋芳等，2006）。

语言与思维相互作用，语言水平是提高思维水平的必要条件，反过来，思维的发展又促进语言水平的提高（文秋芳等，2006）。在语言学习中发展思维，在思维训练中学习语言，是英语学科落实语言能力和思维品质核心素养的重要着力点。

在语言研究领域，多数研究者将语言与思维相关联，或将思维与认知统一为思维（Wharf，1956；Vygotsky，1964；Udall et al.，1991；Tishman et al.，1997；Waters，2006）。认知上，低阶思维属较低层次，是记忆、理解和应用的过程；高阶思维属较高层次，是分析、教学到创造的过程，关注分析问题、解决问题的能力，发展批判性思维和创造性思维。

综上所述，语言与思维的关系十分密切，两者相互作用，这一点几乎是没有任何争议的，学习和使用语言需要借助思维，同时又促进思维的进一步发展。学习和使用母语以外的语言，可以丰富思维方式，促进思维发展，这一论断也几乎被完全证实（程晓堂，2015）。然而，在二语习得中，语言与思维的关系就更加复杂了。对于以英语为外语的中国学生而言,母语能力、英语能力、母语思维能力、英语思维能力之间的关系错综复杂,很难说清楚（蒋楠,2004）。特别是学习母语以外的语言究竟能够促进学习者的哪些思维能力发展以及如何通过语言学习促进学习者思维能力的发展目前还不太清楚（程晓堂,2015）,缺乏实证研究。

参考文献：

程晓堂,2014. 关于当前英语教育政策调整的思考[J]. 课程·教材·教法,(5):58-64.

程晓堂,2015. 英语学习对发展学生思维能力的作用[J]. 课程·教材·教法,(6):73-79,127.

程晓堂,赵思奇,2016. 英语学科核心素养的实质内涵[J]. 课程·教材·教法,(5):79-86.

恩格斯,1957. 自然辩证法[M]. 北京:人民出版社.

范琳,张德禄,2004. 外语教育语言学理论建构的设想[J]. 外语与外语教学,(4):18-21.

桂诗春,1988. 应用语言学[M]. 长沙:湖南教育出版社.

桂诗春,2010. 关于我国外语教学若干问题的思考[J]. 外语教学与研究,(4):275-281.

郭宝仙,章兼中,2017. 英语学科中思维能力的培养[J]. 课程·教材·教法,(2):80-86.

胡壮麟,朱永生,张德禄,等,2005. 系统功能语言学概论[M]. 北京:北京大学出版社.

蒋楠,2004. 外语概念的形成和外语思维[J]. 现代外语,(4):378-385.

江丕权,李越,2000. 教学改革与思维能力培养的思考[J]. 清华大学教育研究,(3):125-133.

李伟,2011. 四方思维能力培养研究[J]. 教育评论,(3):162-165.

林崇德,2006. 思维心理学研究的几点回顾[J]. 北京师范大学学报(社会科学版),(5):35-42.

林崇德,2015. 从智力到学科能力[J]. 课程·教材·教法,(1):9-20.

刘道义,2018. 论英语学科素养:思维品质[J]. 课程·教材·教法,(8):80-85.

刘永兵,2010. 西方二语习得理论研究的两种认识论取向:对我国外语研究的启示[J]. 东北师大学报(哲学社会科学版),(4):86-92.

鲁子问,2016. 英语教育促进思维品质发展的内涵与可能[J]. 英语教师,5:6-12.

罗清旭,2002. 批判性思维理论及其测评技术研究[D]. 南京:南京师范大学.

马利红,刘坚,2019. 国外批判性思维测评研究进展[J]. 外语学刊,(3):64-68.

倪月,周福娟,2020. 2015-2019年思维导图在小学英语教学中的研究综述[J]. 基础教育研究,(3):45-48.

潘文国,2001. 语言的定义[J]. 华东师范大学学报(哲学社会科学版),(1):97-108,128.

钱冠连,2001. 不当交际工具使用的语言:西方语言哲学研究:之二[J]. 外语与外语教学,(2):2-6.

石鸥,2016. 核心素养的课程与教学价值[J]. 华东师范大学学报(教育科学版),(1):9-11.

束定芳,庄智象,1996. 现代外语教学:理论、实践与方法[M]. 上海:上海外语教育出版社.

孙瑞云,2016. 应用语言学视角下外语教学本质的思考[J]. 外语学刊,(5):132-136.

王建卿,文秋芳,2011. 国外思维能力量具评介及启示:我国外语类大学生思维能力现状研究报告[J]. 江苏技术师范学院学报,(7):38-42.

王淑华,吴尚义,2010. 国外思维能力培养研究综述[J]. 教育与职业,(6):176-178.

王帅,2011. 国外高阶思维及其教学方式[J]. 上海教育科研,(9):31-34.

王鲜杰,1999. 思维与英语教学[J]. 外语与外语教学,(11):25-26.

王小潞,李恒威,唐孝威,2006. 语言思维与非语言思维[J]. 浙江大学学报(人文社会科学版)(3):29-36.

王烨晖,辛涛,2015. 国际学生核心素养构建模式的启示[J]. 中小学管理,(9):22-25.

王振华,2004. 试论系统思想与外语教学[J]. 外语教学,(1):80-83.

文秋芳,刘艳萍,王海妹,等,2010a. 我国外语类大学生思辨能力量具的修订与信效度检验研究[J]. 外语界,(4):19-26.

文秋芳,王建卿,赵彩然,等,2009. 构架我国外语类大学生思辨能力量具的理论框架[J]. 外语界,(1):37-43.

文秋芳,赵彩然,刘艳萍,等,2010b. 我国外语类大学生思辨能力客观性量具构建的先导研究[J]. 外语教学,(1):55-58.

文秋芳,周燕,2006. 评述外语专业学生思维能力的发展[J]. 外语学刊,(5):76-80.

吴芳,2018. 基于思维能力培养的小学英语对话教学研究[J]. 小学教学研究,(1):83-87.

伍铁平,1980. 思维和语言孰先孰后[J]. 北方论丛,(1):31-41.

夏纪梅,1999. 外语教学的学科属性探究:"语言教育学"论引发的思考[J]. 语言教学与研究,(4):4-14.

赵德远,2001. 关于语言与思维的哲学思考[J]. 解放军外国语学院学报,(1):27-31.

赵国庆,2013. 经典思维教学程序的分类、比较与整合[J]. 开放教育研究,(6):62-72.

赵艳芳,2001. 认知语言学概论[M]. 上海:上海外语教育出版社.

张国杨,朱亚夫,1996. 外语教育语言学漫谈:外语教育语言学研究:之二[J]. 广州师院学报(社会科学版),(1):59-66.

张华,2016. 核心素养与我国基础教育课程改革"再出发"[J]. 华东师范大学学报(教育科学版),(1):7-9.

郅庭瑾,程宏,2010. 国外中小学思维教学研究:争议与启示[J]. 教育研究,(12):98-102.

仲哲明,1996. 应用语言学研究的现状与展望(上):汉语文教学及语言规划、术语学、语言的社会应用[M]// 许嘉璐,王福祥,刘润清,等. 中国语言学现状与展望. 北京:外语教学与研究出版社.

朱光潜,2011. 文艺心理学[M]. 上海:复旦大学出版社.

朱永生,严世清,2001. 系统功能语言学多维思考[M]. 上海:上海外语教育出版社.

朱智贤,林崇德,2002. 朱智贤全集:第五卷 思维发展心理学[M]. 北京:北京师范大学出版社.

BEYER B K, 1991. Teaching thinking skills: a handbook for secondary school teachers[M]. London: Allyn and Bacon.

BLOOM B S, 1956. Taxonomy of educational objectives: book 1: the cognitive domain[M]. New York: David McKay.

BUZAN T, BUZAN B, 1996. The mind map book: how to use radiant thinking to maximize your brain's untapped potential[M]. New York: Plume.

DEWEY J, 1910. How we think[M]. Boston: D. C. Health.

DEWEY J, BENTO J, 2009. Activating children's thinking skills (ACTS): the effects of an infusion approach to teaching thinking in primary schools[J]. British journal of educational psychology, 79(2):329-351.

HYERLE D, 1996. Thinking maps: seeing is understanding[J]. Educational leadership, (4): 85-89.

JOHNSON K, JOHNSON H, 1998. Encyclopedic dictionary of applied linguistics[M]. Oxford: Blackwell.

LEWY A, BATHRORY Z, 1994. The taxonomy of educational objectives in continental Europe, the Mediterranean, and the Middle East [M]. // ANDERSON L W, SOSNIAK L A. Bloom's taxonomy: a forty-year retrospective, ninety-third yearbook of the National Society for the Study of Education. Chicago: University of Chicago Press: 146-163.

MARZANO R J, 1988. Dimensions of thinking: a framework for curriculum and instruction [M]. Virginia: Association for Supervision and Curriculum Development.

MARZANO R J, KENDALL J S, 2006. The new taxonomy of educational objectives[M]. 2nd ed. California: Corwin Press.

MONSELEY D, BAUMFIELD V, ELLIOTT J, et al., 2005. Frameworks for thinking: a handbook for teaching and learning[M]. Cambridge: Cambridge University Press.

PINTRICH PR, 2000. The role of goal orientation in self-regulated learning [C]// BOEKAERTS M, PINTRICH P R, ZEIDNER M. Handbook of self-regulation. California: Academic Press: 451-502.

RICHARDS J, PLATT J, WEBER H, 1985. Longman dictionary of applied linguistics[M]. London: Longman.

SAPIR E, 1921. Language: an introduction to the study of speech [M]. New York: Harcourt, Brace and Co.

SPOLSKY B, 1978. Educational linguistics[M]. [S.l.]: Newbury House Publishers, Inc.

TISHMAN S, PERKINS D, 1997. The language of thinking[J]. Psychology, 78(5): 368-374.

UDALL A J, DANIELS J E, 1991. Creating the thoughtful classroom [M]. Massachusetts: Zephyr Press.

VYGOTSKY L S, 1964. Thought and language[J]. Bulletin of the Orton Society, 14(1): 97-98.

WATERS A, 2006. Thinking and language learning[J]. ELT journal, 60(4): 319-327.

WHARF BL, 1956. A linguistic consideration of thinking in primitive communities[M]// Carroll J. Language, thought and reality. Cambridge: MIT Press: 65-86.

第二章
儿童英语阅读与思维能力培养

1978 年以来,英语被确定为我国外语教育最重要的语种之一,与语文和数学并驾齐驱成为中学教育的三大主课之一。21 世纪初,伴随着英语课程标准的出台,英语教育开始在全国范围内全面铺开,正式成为基础教育阶段的主要课程之一,尤其是在经济发达地区。全社会对英语教育投入了大量的智力、人力、物力和财力,英语教育改革与研究取得了丰硕的成果,全民英语水平得到了很大的提高。

然而,黄源深(2010)曾先后两次提出中国英语教育存在思辨缺席问题。韩宝成(2010)也发现:虽然《义务教育英语课程标准》在总目标中提到了培养学生的思维能力,却忽视了对听、说、读、写赖以存在的核心——认知和思维的阐释与描述,导致英语教学中学生思维能力的培养在很大程度上演变成了模仿教学和记忆教学。2009 年上海国际学生评价项目(PISA)考试虽然取得了全球第一的成绩,但项目创始人及总负责人指出:中国英语教育忽略思维能力培养,学生的概括力、理解力和记忆力较强,但阅读思辨能力严重不足(潘勇,2012)。

阅读是获取信息、认知世界的途径。阅读能力是影响国民学习能力的一个主要因素。2012 年 11 月,党的十八大报告提出"开展全民阅读活动"。2014 年以来国务院政府工作报告连续多年倡导全民阅读,将全民阅读提升到国家战略高度。2016 年习近平总书记提出"文化自信",阅读成为全民热点。

在积极开展母语阅读的同时,英语阅读也受到了越来越多的关注,特别是早期英语阅读被一致认为对儿童的阅读习惯培养和阅读能力提高至关重要,为此,通过有效的措施对儿童的早期阅读进行干预(Snow et al., 1998)成为英语阅读教学研究的又一热点。

在我国,儿童学习英语最主要的场所为学校,绝大部分儿童从小学阶段开始学习英语。阅读教学作为小学英语教学中的重要课型之一,指导儿童从阅读英文字母到英语对话、英语故事、英语信件等多元文本的过程中,逐步了解和认同:阅读不仅是获取信息或学习语言的工具,还要求学习者能够运用多种阅读策略,通过阅读能够运用文本中的信息发展创新思维。

但英语阅读教学到底应该以理解文本信息为主,提高阅读技能为主,还是提高思维技能为主? 这个答案取决于多个因素:学生的已有知识水平、已有语言水平、语言学习需求、教学环境等。

　　承担儿童英语阅读教学的教师对如何在阅读中开展思维技能训练除了了解语言、思维和教学的关系外，还需要对儿童英语阅读教学研究热点、阅读教学过程中的儿童思维认知策略、高阶思维培养等有充分的认知与思考。与此同时，他们还应该获得优质融思促学资源样本参考。

第一节　儿童英语阅读教学研究热点

　　英语阅读教学研究热点在很大程度上是对儿童英语阅读教学现状的反馈。笔者和团队成员采用文献计量法和内容分析法对近五年来小学英语阅读教学相关文献进行分析后发现：小学英语阅读教学包括提升阅读素养的教学方式研究、强调思维品质的阅读策略研究和基于故事教学的阅读实践探索三大研究热点，在英语阅读教学中若要让思维"显性化"和"生动化"需要从三个方面对阅读教学进行改进：以阅读素养为主线，达成阅读教学目标；以思维品质为抓手，提升阅读教学内涵；以故事教学为阵地，丰富阅读教学资源。

一　以阅读素养为主线，达成阅读教学目标

　　阅读素养由阅读能力和阅读品格两部分组成（王蔷等，2016；王蔷等，2017a）。阅读能力包含解码能力、语言知识、阅读理解和文化意识四个维度。阅读理解即学习者运用阅读策略与技巧等理解文本信息的能力，包括信息提取、策略运用和多元思维（王蔷等，2017a）。阅读品格则主要指阅读过程对学习者情感态度价值观的培养。

　　小学英语阅读课教学一般分为前、中、后三个环节，帮助学习者提升阅读理解能力：读前激活旧知、激发阅读兴趣，读中注重音素意识和解码能力的培养，读后迁移到说和写、从教材到生活实现情感迁移、从课内迁移到课外沉淀阅读品格，最终实现学生阅读素养的有效提升（丁文敏，2019）；强调读前从心理层面激发阅读和学习兴趣、从主题知识层面激活相关背景知识、从语言知识层面扫除语言障碍（桑建洪，2015）。但非常明显，相对于阅读能力的培养，阅读品格的提升受到的重视程度还远远不够。

　　因此，儿童英语阅读教学应以培养学生阅读素养为基本目标，在培养学生语言解码和语言知识的基础上，以培养学生提取信息、运用策略和多元思维为重点，同时兼顾文化意识与情感态度的培养，帮助学生感受阅读的快乐，养成良好的阅读习惯，享受阅读过程。

　　儿童英语阅读教学设计要注重示范与训练相结合，分阶段、有侧重点地为培养学生阅读素养提供机会。初期主要以示范性阅读和指导性阅读为主，然后逐步过渡到中期指导性阅读和半自主阅读为主，再慢慢进入课内外自主阅读。初期的示范与指导要扎实，中期的

指导要慢慢放手,才可能实现最后的课内外自主阅读。初期的示范活动和指导活动以及中期的指导活动必须符合学生年龄和认知水平,形式要多元,尽可能地充分挖掘阅读素材,以培养学生阅读能力和阅读品格为目标。

二 以思维品质为抓手,提升阅读教学内涵

中国学生发展核心素养和英语学科核心素养都明确将思维品质列为培养目标。英语阅读作为学习者英语学习中最重要的课型之一和最关键的过程之一,应从"思辨缺席"问题入手,关注学习者思维品质培养的标准和策略,提升阅读教学内涵。

儿童英语阅读教学中对思维品质的培养,首先要注重他们思维的关联性和灵活性。当然,思维的深刻性、批判性和创造性也不可忽视(梁艺娟,2019)。早期阅读要特别重视阅读示范和指导,帮助儿童关联并灵活地整合新旧知识进行阅读理解,降低他们的阅读负荷,维持他们的阅读兴趣,帮助他们养成阅读习惯。随着阅读习惯的逐步养成,他们的思维会逐步提升,理解会越来越深刻,他们将勇于批判和敢于创造。

儿童英语阅读教学示范和指导过程要尝试采用符合他们身心发展特点和认知水平的策略(高一鸣,2018;张国英,2019;邓黎莉,2019)。如可采用富有思维层次的问题链帮助学习者发展逻辑性思维、批判性思维和创造性思维(葛炳芳等,2018);也可从读前、读中、读后等不同阅读环节着手设计活动锻炼学生的思维能力,如阅读前通过预测激发学生阅读兴趣,通过思维导图开展头脑风暴,激活已有知识,阅读中根据阅读文本的内容采用不同的思维图示,如气泡图、双气泡图、流程图、树形图和括号图等,帮助学生赏析和理解文本,阅读后可采用复述、拓展、续编、重构和评价等活动发展学习者的高阶思维并培养学习者的阅读品格(张泰刚,2018;文朝晖,2019)。

以思维品质为抓手,选择恰当的阅读策略和提高阅读活动的设计质量,是提升儿童英语阅读教学内涵的保障。因此,教师在进行英语阅读教学设计的过程中,在达成以阅读素养培养为主的教学目标的基础上,要高度重视阅读示范和指导活动的层次,如基于以教育目标分类体系修订版为代表的思维能力框架,从低阶思维开始逐步过渡到高阶思维、低阶思维与高阶思维相结合,循序渐进地培养学生思维的逻辑性、批判性和创新性,从而提升思维品质。

三 以故事教学为阵地,丰富阅读教学资源

从低年级开始,故事就是小学英语阅读教学的重要素材来源。故事教学的目的不仅在于培养学生的阅读兴趣,帮助学生掌握一定阅读策略,还应提升学生的综合语言运用能力,但目前仍存在一些共同问题:教学模式僵化,教师采用固定套路;课堂活动习题化;追求形式,教学重点本末倒置;过分关注细节,忽视语言交际性等(孙娜,2015)。

要想改进故事教学中教师"走过场""填鸭式"教学和学生两极分化等问题现状(黄蓓,2015),就要充分发挥故事教学的主阵地作用和价值,教师要发挥主观能动性,充分挖掘故事内容,丰富和拓展教学资源。首先,教师应关注导入活动要能激发学生兴趣,关注过程,于情节中培养学生的语言与学习能力,解读文本时,于细节中培养思维品质与文化品格,最后于活动中拓展延伸(廖荣莲,2018);具体操作层面上,可在故事教学前通过提问激趣和预测,在故事教学中通过提问引导理解、拓展延伸,故事教学后通过提问引发深度思考、指导扩展情节等(贺楠,2015);其次,故事续编对学生阅读素养和思维品质培养也非常有帮助,教师既要抓住文本中的兴趣点、把握情节发展的脉络,又要利用单元板块之间的联系,巧妙运用故事插图进行续编拓展,让学生在其中更好地理解故事,优化故事教学(罗新云,2015)。教师应从语言、内容、思维和情感四维度出发引导学生理解故事(王瑶,2018),增强故事教学的趣味性(曹伟华等,2015;陈春芳,2015)。

除了教材上的故事素材,儿童英语阅读经历了早期的教师示范与指导阶段,进入中期的教师指导和学习者半自主阶段后,可以依据学习者所处的环境和条件,植入语言难度和认知水平适宜的课外绘本,充分发挥课外分级阅读资源的辅助作用和价值,帮助学生通过大量的阅读巩固阅读策略与技能,拓展阅读视野,享受阅读乐趣。

第二节　儿童英语阅读融思促学要点

要在儿童英语阅读教学中融入思维训练,首先要了解:儿童是如何阅读英语的? 儿童在英语阅读过程中可以使用哪些思维策略? 儿童英语阅读过程中如何培养高阶思维?

一 儿童英语阅读思维策略

《义务教育英语课程标准(2011年版)》明确指出英语课程承担着培养学生基本英语素养和发展学生思维能力的任务;学生在教师的指导下,通过英语学习和实践活动,逐步掌握英语语言知识与语言技能,提高语言实际运用能力,开发和发展思维能力。关于阅读,课标要求培养学生用英语获取、处理和使用信息的能力,以及分析问题和解决问题的能力。

儿童学习"通过感知、预测、获取、分析、概括、比较、教学、创新等思维活动,构建结构化知识,在分析问题和解决问题的过程中发展思维品质"(王蔷等,2015)。儿童学习语言的主要任务并非学一套语言符号,而是掌握语言符号背后的意义,只有掌握了概括事物的一套概念系统,才能促进儿童思维发展(Vygotsky,1962)。但是如果简单地把外语语言符号与母语概念系统挂钩,并不能发展思维,只有领会了外语语言,体会了外语词汇概念、情感和思想,外语学习才能够有助于儿童发展思维(苏霍姆林斯基,1983)。

词汇是语言的核心(Zimmerman,1997)。词汇知识是学习者理解他人言语、表达观点和解读阅读文本所运用的与词汇含义有关的知识(Moats,2005),词汇是学习者理解文本的基本要素。佩尔费蒂(Perfetti,2007)就阅读中的词汇影响提出词汇质量假说:英语阅读过程中,儿童词汇知识的质量对阅读理解的质量起决定性作用。小学阶段儿童词汇知识迅速增长,如果他们对文本中的词汇都很熟悉,就能快速加工词汇,提取词汇意义,将更多的认知资源用于更高级的思维活动,促进阅读理解。儿童阅读能力的发展与词汇关系密切,因此儿童阅读思维策略不能忽视词汇学习策略。这一观点也得到了闫梦格等(2020)关于词汇知识在儿童阅读发展中的相对重要性的论述印证。

儿童认知存在一般规律,在学习策略中,认知策略处于核心地位,学习策略水平的提高是认知策略发展的结果。皮亚杰的认知发展理论认为儿童青少年的思维发展会经历四个阶段:感知运动阶段、前运算阶段、具体运算阶段和形式运算阶段。同时,皮亚杰认为,7岁到11岁的儿童思维通常属于具体运算阶段,这一阶段的儿童思维具有易变性和可逆性的特点,突破了守恒思维,能够解决守恒问题,借助他人的观点初步认识逻辑思维,具备了一定的集群运算能力。可以认为,小学阶段儿童的思维具有过渡性,由具体形象思维过渡到抽象逻辑思维,由具体的概念思维过渡到抽象的概念思维。根据已有的相关研究,这个年龄段的儿童正处于三年级至五年级,尤其是小学四年级,这个时期是儿童掌握字词概念的关键转折时期。从这时起,学生开始明确地理解字词概念的初级本质特征。同时,在掌握字词概念的过程中,儿童会逐渐更多地利用逻辑思维,而不是具体形象思维。另外,如果教学方法得当的话,这个关键时期可以提前到三年级。由此可见,学生的思维在这一时期的发展最快,也最容易受到影响。如果教师能够把握好这一关键时期,有目的、有计划地引导、训练和激发学生的思维,促进学生思维发展,提高思维能力,有利于学生对语言知识的整体习得(陈桦等,2001)。

认知策略是一种学习者处理内部世界,进行自我控制和调节的能力,一种学习者用于调控自己心智加工过程的内部组织技能。儿童认知策略则是指在其认识事物的过程中,对自己的认知行为有清晰的指向目标且具有调控作用的心理过程。儿童的认知策略可分为以下四种:(1)复述策略:指儿童反复熟悉所学的材料或将注意力聚焦到所学材料的重要部分上。具体行为可表现为重复关键词语、大声朗读材料、做笔记、标记出材料关键点等。(2)精细化策略:指儿童在所学的新知识与已有知识之间建立起联系。比如,在儿童的机械学习过程中,精细化策略可以体现为使用一种有效的记忆方法;在意义学习过程中,精细化策略可以体现为对学习材料进行分段、概括段落大意、在笔记中对学习材料加以注释、思考提出的问题、借助类比法理解材料、找出新旧知识之间的异同或联系等。(3)组织策略:指儿童把所学材料分成若干小部分(机械学习),然后再确定这一材料的主要结构(意义学习），包括层次划分、生成概念的层次网络、找出概括这样具有概念性的范式。（4）理解-控制策略：指儿童在学习过程中，对自己所要达到的目标始终有清晰明确的意识，而且，对自己所选的策略能够进行相应的调控，以此促进自己的学习。具体可表现为对自己提问、提前预设学习问题、及时更新设立小目标、在学习过程中及时根据需要改变自己的策略。（5）情感策略：指在学习过程中，儿童克服一切不良的、消极的情绪而保持积极稳定的情绪，以帮助自己更好地进入学习状态。

儿童的认知结果最能反映儿童认知策略在其认知过程中的控制作用，在教学活动中加入符合儿童认知策略的教学活动将有助于提高学生的学习成绩（魏东，2018）。要培养儿童的英语阅读能力，就要在课堂输入时设计符合儿童发展规律的教学活动（王文忠等，2001），如针对词汇学习这类语言基础知识就应该侧重于复述、精细化，以形成英语词汇的识记和初步的应用。在对儿童的教学过程中，让儿童大声地读英语词汇就是复述策略的使用；而精细化策略的有效运用能够提高儿童识记单词的正确性。针对阅读能力就应该使用组织策略使儿童学习者能概括阅读内容，并且能够预先提出问题来指导学习，调动学习主动性。

二 儿童英语阅读高阶思维

高阶思维是一种心智活动或一种认知能力，这种活动或能力以解决问题和决策问题为目的，发生在具有较高认知能力和较高水平的教学活动过程中。高阶思维可以通过转移课堂教学重心、再构课堂教学内容、提供高阶学习模式、建立高阶课堂学习体系、充分利用现代信息教学技术的课堂教学来培养（魏东，2018）。基于教育目标分层理论（Bloom，1956；Anderson，2001），分析问题和解决问题等属于高阶思维。

阅读是学习者获取知识和经验的重要途径，本质上就是学习者理解书面文本的过程（Tighe et al.，2015），这一过程除了词汇知识，需要多种能力的协同参与。格拉贝（Grabe，1991）提出阅读包括六大技能和知识领域：自动识别技能、词汇和结构知识、语篇和形式结构知识、背景知识、综合和评价技能、元认知知识和技能监控。

要在阅读中培养儿童的高阶思维，需要将教学设计情境化，与课程内容相联系，问题求解的任务需要有一定难度，同时，强而适度的动机对高阶思维训练起到关键性促进作用（钟志贤，2004，2005）。英语阅读与高阶思维两者相互促进。

阅读能力融合阅读知识和阅读技能。在阅读教学中关联词汇知识教学、运用思维导图、概念图等思维工具有助于帮助学生提高阅读质量，使阅读思维过程可视化（杜新秀，2008；杨艳艳，2018）。小学英语阅读中思维导图的使用、协作学习的倡导能提高小学生英语阅读高阶思维（朱晓倩，2019）。思维导图是教师在教学中锻炼学生高阶思维技能的主要方式，尤其是应用于词汇学习中，能够帮助学生加深对词汇意义的理解，建立知识体系。

英语阅读教学的综合视野是在阅读和交流中关注文本内容，在交互和活动中关注学习策略,在评判和想象中提升思维水平。梳理文本信息是一切阅读教学活动的基础,表层理解关注文本信息,深度阅读则开启思维;思维需要语言作支撑,需要内容作基础,更需要时间去体验(葛炳芳,2014)。

第三节　儿童英语阅读融思促学资源

国内儿童英语阅读资源非常丰富,分级阅读书目琳琅满目,但面对众多的资源如何进行选择? 是不是每一套阅读资源都在编写体例上就重点突出了思维技能训练? 笔者多次收到一线教师关于推荐优质英语阅读资源的求助,经过广泛的调研和认真的研究,发现"Skill Sharpeners"丛书是不错的儿童英语阅读融思促学案例。

一　儿童英语阅读融思促学资源样本简介

"Skill Sharpeners"是美国 Evan-Moor 出版社出版的教学丛书,涵盖学龄前到小学六年级,其中学龄前为 Pre-K 级和 K 级,小学一年级为 G1、小学二年级为 G2、小学三年级为 G3、小学四年级为 G4、小学五年级为 G5、小学六年级为 G6,主要包括写作(Spell & Write),阅读(Reading),数学(Math),科学(Science),批判思维(Critical Thinking)5 个系列,每个系列 8 册,全套共 40 册。

"Skill Sharpeners"丛书以美国共同核心州立标准(CCSS)为纲,通过丰富多彩、生动有趣的学习活动使每个年级要掌握的核心技能显性化,每个单元通过一篇文章培养学生的自然拼读技能(Phonics Skills)、词汇技能(Vocabulary Skills)和阅读理解技能(Comprehension Skills)。学习者可通过页面侧边栏顶端的思维技能说明了解各个活动具体训练的思维技能名称和要求。

二　儿童英语阅读融思促学资源样本分析

笔者和团队成员以布鲁姆教育目标分类学的修订版为框架,采用内容分析法,对"Skill Sharpeners"丛书阅读系列不同年级的显性思维技能训练层级、活动类型以及次数逐册逐项进行统计,对获取的 660 多个数据进行分析后发现:"Skill Sharpeners"丛书阅读系列学龄前段(Pre-K 和 K 级)、小学低段(G1 和 G2 级)、小学中段(G3 和 G4 级)和小学高段(G5 和 G6 级)等不同学段思维技能显性化训练重点与强度以及整体趋势特色鲜明,具体如下:

(一)学龄前段(Pre-K 和 K 级):低阶技能为主,重理解技能训练

Pre-K 级和 K 级适用于学龄前儿童使用,涵盖幼儿园中班到大班,主要学习、练习和巩

固 26 个英文字母。

从表 2.1 不难发现,学龄前段(Pre-K 级和 K 级)理解(Understand)层次的思维技能训练总量最多,主要是 Categorizing, Comprehending, Understanding 等思维活动;但 Pre-K 级对于理解(Understand)的训练要求远多于 K 级,主要为 Predicting, Matching, Contrasting 等。

特别值得关注的是,Pre-K 级中没有涉及应用(Apply)、评价(Evaluate)和创造(Create)的思维训练,但有分析(Analyze)的思维训练活动。这三个层级的思维训练都是从 K 级开始,K 级的应用(Apply)主要表现为 Using 和 Blending,评价(Evaluate)和创造(Create)则主要是 Judging, Building 和 Predicting 等,涉及次数不多,难度也不大。

在 K 级中,对应用(Apply)思维技能进行大量训练的同时,对分析(Analyze)思维技能也保持了较大的训练量,从 Pre-K 级中的两个类别 Sequencing 和 Distinguishing 增加到了 K 级中的 Relating, Finding Coherence, Connecting, Drawing Conclusions 等 8 个类别,呈现出多样化的趋势。

表 2.1 Pre-K 和 K 级思维训练层级、活动类型与次数

思维层级	活动类型	次数		思维层级	活动类型	次数	
		Pre-K	K			Pre-K	K
Remember	Recognizing	2	2	Analyze	Sequencing	6	0
	Identifying	9	9		Distinguishing	12	2
Understand	Categorizing	8	0		Relating	0	1
	Predicting	9	0		Finding Coherence	0	3
	Matching	21	0		Connecting	0	2
	Contrasting	6	0		Inferring	0	1
	Comprehending	0	3		Sequencing	0	5
	Understanding	0	5		Categorizing	0	2
					Drawing Conclusions	0	1
Apply	Using	0	18	Evaluate	Judging	0	1
	Blending	0	2	Create	Building	0	2
					Predicting	0	1

(二)小学低段(G1 和 G2 级):低阶技能和高阶技能均衡训练

小学低段的阅读训练基本以短句为主,句型较为简单,表达的意思也和书中的插图联系紧密,用词重复度比较高,包含很多韵律词。

小学低段(G1 和 G2 级)开始呈现从低阶思维技能到高阶思维技能的显性化均衡训练

趋势。

如表 2.2 所示,记忆(Remember)层级主要是 Recalling Details, Identifying, Recognizing 等;理解(Understand)层级中的训练主要是 Understanding;应用(Apply)层级中的思维训练主要表现在 Using 和 Blending。与此同时,记忆(Remember)思维层级的训练是最多的,在 6 个思维层级中思维活动总量也最多,其中 Recalling Details(回忆细节)的思维活动次数最多;理解(Understand)的训练整体相较于学龄前段有所下降,但 G2 级明显比 G1 级有所增加;分析(Analyze)思维层级在 G1 级和 G2 级的训练频次差不多,而在评价(Evaluate)思维层级两个级均未涉及;创造(Create)相较于学龄前段呈现出增加趋势,特别是 G2 级时明显增多,主要是 Building 和 Creating 等活动。

表 2.2　G1 和 G2 级思维训练层级、活动类型与次数

思维层级	活动类型	次数		思维层级	活动类型	次数	
		G1	G2			G1	G2
Remember	Recalling Details	21	16	Analyze	Sequencing	7	8
	Identifying	4	15		Distinguishing	1	2
	Recognizing	2	1		Comprehending	1	0
	Reviewing	0	1		Matching	1	1
Understand	Understanding	7	23		Categorizing	5	6
					Making Connections	1	2
					Distinguishing	1	1
					Sequencing	7	8
					Ordering	0	1
					Drawing Conclusions	0	5
				Evaluate	/	0	0
Apply	Using	9	16	Create	Building	0	7
	Blending	14	1		Predicting	1	0
					Creating	0	3

(三)小学中段(G3 和 G4 级):高阶训练增强,以分析训练为主

G3 级开始,阅读由单句变为故事、短篇小说等体裁,阅读量和难度均有所增加。

G3 和 G4 级的高阶思维层级训练明显多于低阶思维层级,分析(Analyze)思维层级训练最为突出,相较之下,G4 级的分析(Analyze)思维层级训练的总次数多于 G3 级。

表2.3 显示:G4 级的分析(Analyze)次数不仅多于 G3 级,而且思维活动类型也有所增加,主要包括 Making Inferences, Categorizing, Sequencing, Defferentiating Synonyms, Defferentiating Antonyms 等思维活动;G4 级新加入了 Creative Thinking;这一阶段的评价(Evaluate)多为 Critical Thinking 的思维活动。

从 G3 和 G4 级开始,各个思维层级的训练次数明显增加,特别是高阶思维中的分析(Analyze)这一层级,并且各个思维层级训练的活动类型也有所增多,呈现出多样化的趋势。

表2.3 G3 和 G4 级思维训练层级、活动类型与次数

思维层级	活动类型	次数		思维层级	活动类型	次数	
		G3	G4			G3	G4
Remember	Recalling Details	18	15	Analyze	Making Inferences	8	3
	Identifying	2	1		Finding Main Idea	2	0
	Describing	2	0		Categorizing	2	4
	Relating	0	1		Sequencing		5
	Writing Sentence Correctly	0	1		Differentiating Synonyms	0	4
Understand	Understanding Word Meaning	19	11		Analyzing Cause and Effect	1	0
	Writing a Definition	1	0		Analyzing	1	0
	Finding Synonyms	1	0		Making a Prediction	1	0
	Drawing Conclusions	6	0		Differentiating Antonyms	0	2
	Interpreting	1	0		Analyzing Analogies	0	1
	Relating	2	1		Logical Thinking	0	1
	Summarizing	1	0	Evaluate	Critical Thinking	14	6
	Reading with Expression	1	0		Supporting an Opinion with Facts	1	0
					Expressing an Opinion	1	0
	Unscrambling	0	1		Judging True or False	0	1

续表

思维层级	活动类型	次数		思维层级	活动类型	次数	
		G3	G4			G3	G4
Apply	Using Vocabulary in Context	4	6	Create	Creating Analogies	1	0
	Relating	2	1		Creative Thinking	0	2
	Categorizing	5	0				
	Sequencing	1	1	Apply	Narrative Writing	1	0
	Using Guide Words	1	0				
	Identifying	2	1		Using a Graphic Organizer	2	0
	Using Verbs	1	0				
	Writing a Description	1	0		Using the Correct Word in Context	1	0

（四）小学高段（G5 和 G6 级）：各层级力度加大，重理解评价训练

G5 级开始，阅读文章难度较 G3 和 G4 级增大，文章篇幅、语言难度和深度等方面都有显著增加。练习形式也更加多样化，除了选择题，还有分析人物形象、总结文章大意、分析故事情节、提出观点等。

小学高段（G5 和 G6 级）的各个思维层级的训练明显增强，低阶思维突出理解（Understand）的训练，而高阶思维突出评价（Evaluate）的训练。

表 2.4 显示：记忆（Remember）层级仍以 Recalling Details 为主；理解（Understand）层级包含 Understanding Word Meaning，Drawing Conclusions，Interpreting，Reading with Expression 等活动类型；G6 级较注重学生对语言的实际应用，表现在 Using Vocabulary in Context，Categorizing，Writing a Description，Narrative Writing 等，注重对学生阅读理解能力方面的训练；分析（Analyze）思维层级主要是 Making Inferences，Fiding Main Idea，Categorizing，Correcting False Information 等类型进行训练；评价（Evaluate）层级加大了对学生批判性思维的培养，活动类型包括 Critical Thinking，Expressing an Opinion，Supporting an Opinion with Facts 等。

表 2.4 G5 和 G6 级思维训练层级、活动类型与次数

思维层级	活动类型	次数 G5	次数 G6	思维层级	活动类型	次数 G5	次数 G6
Remember	Recalling Details	19	21	Analyze	Making Inferences	5	8
	Identifying	1	2		Finding Main Idea	2	2
	Describing	0	2		Categorizing	2	2
Understand	Understanding Word Meaning	2	19		Correcting False Information	2	0
	Drawing Conclusions	1	6		Analyzing	3	1
	Interpreting	1	2		Aualyzing Cause and Effect	0	1
	Reading with Expression	3	1		Making a Prediction	0	1
	Finding Synonyms	1	1				
	Relating	1	2	Evaluate	Critical Thinking	7	14
	Unscrambling	1	0		Expressing an Opinion	4	1
	Summarizing	0	1		Supporting an Opinion with Facts	0	1
Apply	Using Vocabulary in Context	3	4	Create	Creating Analogies	0	1
	Categorizing	2	5				
	Sequencing	3	1				
	Relating	1	2				
	Using Guide Words	1	1				
	Identifying	1	2				
	Using the Correct Word in Context	1	1				
	Using Verbs	0	1				
	Writing a Description	0	1				
	Narrative Writing	0	1				
	Using a Graphic Organizer	0	2				

　　综上所述,不难发现,"Skill Sharpeners"丛书阅读系列思维技能显性化训练重点与强度特色鲜明。首先,不同学段思维技能显性化训练重点各不相同:学龄前段(Pre-K 级和 K 级)主要以低阶思维训练为主,逐渐加入高阶思维训练,小学低段(G1 和 G2 级)逐渐加入高阶思维训练,小学中段(G3 和 G4 级)高阶思维训练逐渐加强,小学高段(G5 和 G6 级)各个层级训练强度整体增加。与此同时,不同学段思维技能显性化训练强度各有侧重:学龄前段(Pre-K 级和 K 级)重低阶思维的理解(Understand)技能训练,小学低段(G1 和 G2 级)低阶思维技能和高阶思维技能训练相对均衡,小学中段(G3 和 G4 级)大量训练以分析(Analyze)为代表的高阶思维技能,小学高段(G5 和 G6 级)低阶思维强调理解(Understand)技能训练,高阶思维则强调评价(Evaluate)技能训练。

　　与此同时,"Skill Sharpeners"丛书阅读系列思维技能显性化训练整体趋势明显:同一思维技能在各个年级反复贯穿训练,每个思维层级都有较为固定的思维训练活动,但在不同学段,因学习内容的不同,活动形式有相应的变化。

　　反观国内外外语学习环境下,不同年龄段学习者外语语言学习过程中,特别是儿童,可能因语言储备不够而在语言应用上存在一定的困难,但值得注意的是,他们的认知能力随着年龄的增长,逐步超过他们的外语语言水平,他们的思维也逐步从具体迈向抽象、由单一迈向多元。因此,不论在哪个年龄阶段,都要在学习活动中搭建足够的语言支架和提供巧妙的活动设计。

　　"Skill Sharpeners"丛书阅读系列有重点、有梯度地使思维技能训练显性化,为国内外语学习融思促学提供了高质量的参考样本。国内广大一线英语教师和英语教育领域研究人员可借鉴"Skill Sharpeners"丛书阅读系列开发与各学段语言教材同步配套的思维训练活动资源。

参考文献:

安德森,克拉思沃尔,艾拉沙恩,等,2009. 布卢姆教育目标分类学:分类学视野下的学与教及其测评:完整版[M]. 蒋小平,张琴美,罗晶晶,译. 北京:外语教学与研究出版社.

曹伟华,张琦,2015. 译林版《英语》Story Time 板块中故事教学的几点思考[J]. 中小学外语教学(小学篇),(5):06-11.

陈春芳,2015. 小学英语故事教学趣味教学方法[J]. 中小学外语教学(小学篇),(12):26-30.

陈桦,张益芳,2001. 中国儿童英语词汇记忆策略探析[J]. 四川外语学院学报,(4):100-106.

邓黎莉,2019. 在阅读教学中训练学生思辨能力的策略. 中小学外语教学(小学篇),(2):21-26.

丁文敏,2019. 小学英语阅读素养内涵及教学实践:以译林版牛津小学《英语》Story Time 板块教学为例[J]. 基础教育课程,(10):49-54.

杜新秀,2008. 小学英语阅读教学内容体系的确立与实施初探[J]. 教育导刊,(1):58-60.

高一鸣,2018. 小学英语阅读教学中培养学生思维品质的策略[J]. 中小学外语教学(小学篇),(11):27-33.

葛炳芳,2014. 英语阅读教学的综合视野:内容、思维和语言[M]. 杭州:浙江大学出版社.

葛炳芳,洪莉,2018. 指向思维品质提升的英语阅读教学研究[J]. 课程·教材·教法,38
　　(11):110-115.

韩宝成,2010. 关于我国中小学英语教育的思考[J]. 外语教学与研究,42(4):300-302.

贺楠,2015. 故事教学中提问的有效策略[J]. 中小学外语教学(小学篇),(5):42-45.

黄蓓,2015. 在故事教学中培养学生主动参与学习的实践与思考[J]. 中小学外语教学(小学
　　篇),(9):29-33.

黄源深,2010. 英语专业课程必须彻底改革:再谈"思辨缺席"[J]. 外语界,(1):11-16.

梁艺娟,2019. 在绘本故事教学中培养学生思维品质的策略[J]. 中小学外语教学(小学
　　篇),(8):49-53.

廖荣莲,2018. 基于核心素养的小学英语故事教学策略[J]. 中小学外语教学(小学篇),
　　(1):23-27.

罗新云,2015. 在故事教学中开展续编活动的实践与思考[J]. 中小学外语教学(小学篇),
　　(3):18-22.

桑建洪,2015. 小学英语阅读课读前活动的设计[J]. 教学与管理,(23):48-50.

潘勇,2012. 施莱克尔的清醒[N]. 中国教育报,(5)1-13.

苏霍姆林斯基,1983. 帕夫雷什中学[M]. 赵玮,王义高,蔡兴文,等,译. 北京:教育科学出
　　版社.

孙娜,2015. 小学英语阅读教学常见问题浅析[J]. 中小学外语教学(小学篇),(3):6-10.

王瑶,2018. 例谈绘本故事阅读教学的有效方法和策略[J]. 中小学外语教学(小学篇),
　　(1):54-59.

王蔷,敖娜仁图雅,2017a. 中小学英语绘本教学的途径与方法[J]. 课程·教材·教法,37
　　(4):68-73.

王蔷,敖娜仁图雅,2015. 中小学生外语阅读素养的构成及教学启示[J]. 中国外语教育,8
　　(1):16-24,104.

王蔷,陈则航,2016. 中小学生英语分级阅读标准的研制与内容概览[J]. 中小学外语教学
　　(中学篇),(9):1-8.

王蔷,胡亚琳,2017b. 英语学科能力及其表现研究[J]. 教育学报,(2):61-70.

王文忠,方富熹,2001. 幼儿分类能力发展研究综述[J]. 心理学动态,(9):210-214.

魏东,2018. 构建高阶思维课堂培养学生高阶思维能力[J]. 现代中小学教育,(6):25-28.

文朝晖,2019. 在阅读课中训练学生思维能力的实践探讨[J]. 中小学外语教学(小学篇),
　　(7):8-13.

闫梦格,李虹,李宜逊,等,2020. 识字量和词汇知识在儿童阅读发展中的相对重要性[J].
　　心理发展与教育,(3):311-317.

杨艳艳,2018. 思维导图在小学英语词汇教学中应用现状的调查研究[D]. 淮北:淮北师范
　　大学.

张国英,2019. 小学英语阅读教学中培养学生思维品质的实践[J]. 中小学外语教学(小学篇),(5):35-41.

张泰刚,2018. 在故事教学中提升学生思维灵活性的教学策略[J]. 中小学外语教学(小学篇),(9):31-36.

钟志贤,2004. 面向知识时代的教学设计的框架[D]. 上海:华东师范大学.

钟志贤,2005. 如何发展学习者高阶思维能力[J]. 远程教育杂志,(4):78.

朱晓倩,2019. 高阶思维:英语阅读的指南针[J]. 小学教学参考,(8):72-73.

ANDERSON L W, KRATHWOHL D R, AIRASIAN P W, et al., 2001. A taxonomy for learning, teaching, and assessing: a revision of Bloom's taxonomy of educational objectives [M]. New York: Longman.

BLOOM B S, ENGELHART M D, FURST E J, et al., 1956. Taxonomy of educational objectives: the classification of educational goals: hankbook 1: cognitive domain[M]. New York: David McKay.

GRABE W, 1991. Current developments in second language reading research[J]. TESOL quarterly, 25(3): 375-406.

LAUFER B, 1992. How much lexis is necessary for reading comprehension? [M]. // ARNAUD P, BEJOINT H. Vocabulary and applied linguistics. London: MacMillan: 129-132.

MOATS L C, 2005. How spelling supports reading[J]. Educator, 29(4): 4-12.

PERFETTI C, 2007. Reading ability: lexical quality to comprehension[J]. Scientific studies of reading, 11(4): 357-383.

SNOW C E, BURNS M S, GRIFFIN P, 1998. Preventing reading difficulties in young children [M]. Washington DC: National Academies Press.

TIGHE E L, WAGNER R K, SCHATSCHNEIDE C, 2015. Applying a multiple group causal indicator modeling framework to the reading comprehension skills of third, seventh, and tenth grade students[J]. Reading and writing, 28(4): 439-466.

VYGOTSKY L, 1962. Vygotsky and education: instructional implications and applications of sociohistorical psychology[M]. Cambridge: Cambridge Universtiy Press.

ZIMMERMAN C B, 1997. Historical trends in second language vocabulary instruction[M]. // COADY J, HUCKIN T. Second language vocabulary acquisition. Cambridge: Cambridge University Press.

中

篇

实践篇

2015 年起,重庆第二师范学院依托"巴渝海外引智计划"引进英国纽卡斯尔大学语言与思维领域专家林梅博士对院内基础教育英语教学改革与研究领域教师培训团队进行线上、线下"外语教育与思维训练"主题学术指导,建立了"外语教育融思促学研究团队"。随后,团队成员通过教育部国培计划、横向项目等对英语课堂教学开展思维训练进行理论研究与实践探索,对基础教育英语师资进行职前、职后思维品质理论与实践专题培训。过程中,各省份参加国培学员和市内外合作基地学校领导与英语教师多次反馈,希望有高水平的高校与基地学校合作开展英语教学与思维训练项目,在通过专题讲座帮助更新理念的同时,能够深入教学一线,开展英语教学与思维训练的课堂实践、资源开发以及评价测试等。

2018 年 5 月重庆第二师范学院再次依托"巴渝海外引智计划"引进英国纽卡斯尔大学语言与思维领域专家林梅博士和汉纳肯博士,组织举办"第一届英语教学与思维训练高端工作坊",对来自本校(7 人)和 N 区 11 所合作基地小学的英语教师(15 人)以及来自高校的英语师范专业学生(8 人)共计 30 人进行了为期 10 天的培训。

参与培训的高校英语教师全部为重庆第二师范学院"外语教育融思促学研究团队"成员,具有海外进修(访学或留学)经历;小学英语教师全部为重庆市 N 区合作基地学校骨干教师,教学经验丰富,教学改革积极;英语师范专业学生全部为重庆第二师范学院外语学院优秀学子,经过专业推荐和选拔后进入工作坊。三类不同背景的参培人员分别代表着职前和职后师资,混合编组参加工作坊学习。

"第一届英语教学与思维训练高端工作坊"培训内容从全球视野下的小学英语教育与思维训练现状出发,走进本土小学英语课堂,探讨思维训练融入空间与路径,学习思维能力框架和案例,探究不同教学活动背后的思维训练意图与依据,学习融思促学理论基础,归纳思维训练各层级特征、区别与联系,观摩专家示范与开展小组实作,共建融思促学评价标准,集体聚焦式反思,基于不同职业身份有依据地"回头看"和"向前看"。

工作坊结束后,重庆第二师范学院"外语教育融思促学研究团队"对工作坊一线教师学员返岗实践、反思与需求进行了持续跟踪,基于大家的问题和困惑在境内外专家的指导下组织开展了儿童英语阅读融思促学实验研究。

第三章
儿童英语阅读融思促学实验研究

儿童英语阅读能力与思维技能双发展实验研究(简称为儿童英语阅读融思促学实验研究)由重庆第二师范学院"外语教育融思促学研究团队"和重庆市 N 区 S 小学合作完成,研究周期一年半。研究设计和方法得到了巴渝海外引智专家英国纽卡斯尔大学林梅博士、重庆大学语言认知及语言应用研究基地(重庆市人文社会科学重点研究基地)曹洪文博士指导。参与研究人员、教师和学生近 300 人。

第一节　研究背景

2019 年 1 月,"第一届英语教学与思维训练高端工作坊"15 名小学英语骨干教师返回教学岗位学习、工作和实践近半年。为了解他们的学习效果、实践经历和专业发展,重庆第二师范学院"外语教育融思促学研究团队"组织开展回访。

12 名教师自愿接受回访。访谈人员提前一天发放基本信息登记表,便于访谈前访谈人员对访谈对象返岗后日常教学教研与发展情况进行了解,提高访谈针对性和实效性。访谈对象分成三个小组在三所合作基地学校(S 小学、Q 小学和 T 小学)参加了面对面访谈。访谈采用半结构式提纲,主要包括返岗后半年工作情况与学习情况、思维能力框架理论学习与理解内化、培训后融思促学实践经历与成长收获、后续融思促学实践困惑与发展需求四方面内容。访谈时长共计 225 分钟,转写访谈录音共计 65 867 字。对回收的信息登记表和访谈录音转写文字采用内容分析法进行统计与分析如下。

一　日常教学教研任务与发展

12 人中,除 1 人担任英语教学工作的同时兼任了学校中层管理工作周课时为 9 节以外,其他 11 人全部为专职英语教师,周课时 12-16 节,教授的年级为 2-3 个,英语课堂教学任务较重。

12 人培训后参与过的教研活动均以校内教研和区级教研为主,外出参加市级教研活动机会较少。校内教研基本上每个月围绕学校教学工作和校园活动安排组织开展一次,主要交流讨论教研组在教学中遇到的问题以及活动组织与开展等。2018 年 11 月,12 人全部参加了 N 区组织的区级教研活动——英语学科青年教师教学竞赛,分时段对区内各小学选送的课进行了观摩与讨论。除了校内教研和区级教研,12 人中仅 1 名教师作为英语教研组长参加了重庆市外语教学专业委员会第十次学术年会,观摩了重庆市和上海市代表教师分别执教的样板课。

12 人的个人专业发展意愿均较强烈或者非常强烈,发展支持主要为校内的英语教研组团队,团队发展氛围均较好或者非常好,但是出于多种原因,个人专业发展投入的时间差异较大,绝大多数教师平均每周用于个人专业发展的时长为 3~5 小时,平均每个工作日为 1~2 小时,个别教师平均每周用于个人专业发展的时长为 15 小时,平均每个工作日为 3 小时,个别教师平均每周用于个人专业发展的时长则非常少,仅 1 小时。

专业书籍文献阅读方面,人均阅读专业书籍为 1.2 本,阅读书目主要是工作坊推荐书目《学习、教学和评估的分类学》,N 区教研推荐书目《深度学习的七个有利策略》,或者自选的书目《小学英语分级阅读教学:意义、内涵与途径》《我的一本思维导图书》"Skills Sharpeners"丛书的"Critical Thinking"和"Reading"系列等。从书目名称来看,他们的阅读倾向相对集中在思维能力培养和阅读教学方面。

外出培训参会参赛方面,1 人代表学校参加了教育集团内赛课,在参赛教学内容打磨和试教过程中发现学生对开放性问题更有表达欲;1 人参加了 TESOL 中国大会,就英语教学中的思维训练进行了片段教学展示,认为一线教学中急需针对教材进行教学活动资源开发,将思维训练植入课堂教学活动设计与资源开发,为一线教师解决实际困难。

二 思维能力理论学习与内化

关于思维能力培养,回访对象们均持赞同和认可的态度,认为在英语学科核心素养培养过程中,思维品质培养意义重大;落地英语学科核心素养,思维品质与其他三个方面同等重要。

关于思维能力理论框架,回访对象们表示经过融思促学工作坊培训学习加上自主专业书籍文献阅读,对布鲁姆教育目标分类体系(修订版)有了新的认识,主要体现在对识记、理解、应用、分析、评价和创造六个思维层级、前三者属于低阶思维、后三者属于高阶思维等基本内容的了解上面,但对六个层级在教学中的具体操作标准以及它们下属包括的微技能如何具体区分与操作要点不清楚。与此同时,除了布鲁姆教育目标分类体系(修订版)这一目前在中小学教师接受程度较高的思维能力框架外,其他的思维能力框架他们基本没有接触。

理论方面,我通过工作坊学习到的就是布鲁姆教育目标分类体系,特别是高阶思维:分析、评价和创作,我在教学设计中会尤其关注。整个工作坊结束后至今,我所剩下的浓缩起来的理论知识就是这个布鲁姆教育目标分类了。

(2019-01-17 T 小学 Peppa 老师)

(工作坊结束)回来后,我对布鲁姆教育目标分类的六个层级比较清晰,能将识记、理解、应用、分析、评价和创造对应的思维技能直接使用,但不能进行细化。若再多出几个微技能词,也不能区分其应属于哪个思维层级。

(2019-01-11 Q 小学 Jane 老师)

关于分类,比如教学中对食物的分类,如果分成健康食物和不健康食物,这个确实是通常的一种分类方法,但这只是其中的一种,还可以有其他分法,比如按照营养成分分为可以多吃还是少吃的两类。只要说得出来为什么这么分,就可以了,就是合理的。

(2019-01-11 S 小学 Bird 老师)

与此同时,回访对象们普遍反馈:经过工作坊的理论学习,虽然只是聚焦布鲁姆教育目标分类体系(修订版)这一个思维理论框架,但基于这一框架反思自己的教学行为与表现,更新了以前总认为教学中没有思维训练的认识,发现其实每次课都多少有思维训练的影子,只是缺乏理论支撑下的认识:

> 以前我总觉得思维品质培养非常重要,但是思维训练遥不可及,感觉自己的课堂里面没有思维训练。经过工作坊培训以后,我对照布鲁姆教育目标分类体系(修订版)的六个层级,回想自己的课堂教学,多多少少是有思维训练的,但是要继续加强和提高思维训练。

> (2019-01-11 Q 小学 Jane 老师)

但为什么会经历了培训学习和自主书籍阅读后,仍然对思维能力的理论和内化不够?回访对象们反馈:最大的原因就是由于工学矛盾,日常自主学习和发展时长不够,常规教研活动中没有集体进行理论提升,第二个原因就是习惯性轻理论重实践,导致对思维能力的理论缺乏内化动力和内化条件:

> 我对思维能力理论的框架有了基本的认识,但是理论框架里面的具体内容没有搞清楚。因为我学得不够好,理论的东西我也需要在实践中去尝试(才能更好地理解)。但是如果我真的认认真真按照这个理论框架去实践,就得重新设计我所有的教案,相当于在我原本的自己很熟悉的教学材料上面,花很多的时间、心思和精力,这个确实是我没有办法做到的。

> (2019-01-11 S 小学 Blue 老师)

> (工作坊)发的书和文献资源包,我好几次都拿出来想好好看,但是最终都是翻了翻又放回去了,实话说是真的没有时间看,学校的工作非常多,除了教学还有其他各类活动、检查……

> (2019-01-11 S 小学 Coco 老师)

> 我理论方面的学习比较少,因为没有太多的时间去记忆和理解那些专业的内容……因为我们一线教师吧,对那些理论,更多的是去实践。还有就是,有的理论在实践中也会发现不一定能够真正实践下去,就得放弃……

> (2019-01-17 T 小学 Amy 老师)

三 融思促学实践反思与收获

教学实践与反思方面,回访对象们普遍反馈培训后第一时间迫不及待地开始在教学中开展实践,首先对工作坊期间专家介绍的常用思维活动 Odd-one-out, Diamond-ranking 和 Hot-sitting 等进行了尝试,并普遍反馈:对这些活动的使用组织流程与专家示范流程一致,未进行改变,只是活动服务的学习内容不同,个别老师对于究竟服务哪些思维技能的发展没有深究;从学生参与来看,前两个活动使用效果较好,学生参与度较高,有利于同步发展学生语言与思维,但后一个活动因为班级规模太大,一般都是 45 人左右,操作起来困难,所以试用了一次之后不再试用。

工作坊培训时专家组织我们体验了四五种思维活动,其中印象最深刻的是 Odd-one-out。这个活动可以对三种事物进行分类,分类的方式由学生自己确定。这个很好,是比较实用的思维活动。

（2019-01-11　S 小学　Bird 老师）

我在四年级语音教学和词汇教学中实践了 Odd-one-out。这个思维活动可以帮助学生对三个音或者词进行区分，形式上很简单，对于人数较多的小学课堂，比较容易组织。学生们很喜欢，在学习语言的同时，可以打开思维，帮助学生进行理解、分析甚至创造的训练。

（2019-01-11　Q 小学　Sugar 老师）

工作坊示范过的活动除了 Odd-one-out，我还尝试过 Diamond-ranking，就是根据不同的感知（认知）进行排序，每一次标准不同排序结果就不同……学生们还是比较喜欢的。

（2019-01-11　S 小学　Berry 老师）

我在使用 Odd-one-out 和 Diamond-ranking 时，组织流程和工作坊示范的是差不多的，只是内容上有所变化。至于这两个活动为什么这样设计，服务学生的什么具体技能发展，我没有太去深究，用起来学生参与得不错就好了，不过肯定是会服务学生分析、创造等高阶思维的。

（2019-01-11　S 小学　Coco 老师）

Odd-one-out 和 Diamond-ranking 使用起来还好，主要是进行比较和排序，但是 Hot-sitting 就比较难操作了，班级人数太多，管控不了，直接弃用了。

（2019-01-11　Q 小学　Super 老师）

虽然在实践工作坊示范的思维活动过程中，回访对象们普遍存在"拿来主义"思想和行为，部分老师认为工作坊提供的思维活动太少了，面临严重"缺少活动"的困难，但也有部分老师认为工作坊提供的思维活动只是示范，需要教师自己在理论学习的基础上去研究，改进和设计新的思维活动。

我觉得（工作坊中）专家给我们提供的思维活动太少了。给我们的，能够直接用到我们课堂上的更多的是理论输入。实际操作层面的思维活动真不多。

（2019-01-11　S 小学　Bird 老师）

我觉得这是两个概念。理论肯定要一点一滴积累再去实践……要掌握，要非常清楚，但更多的是需要我们在实践中去不断修正，尝试使用了示范的思维活动后进行比较和研究，再去改进和设计（更多的）……不能翻来覆去地就只有专家示范的那几个思维活动……

（2019-01-11　S 小学　Coco 老师）

但绝大多数回访对象也反馈了在开展教学设计活动时，相比以前，他们会更加关注教学目标的设定和教学活动的设计，同步关注语言与思维的意识有所增强。

以前做教学设计时，更多的是关于语言教学目标和情感态度、文化意识、学习策略等非语言目标，但没有太多去关注思维目标。现在会在设计时和设计后都查看下有没有语言学习基础上的思维训练，当然不是说整个学习过程都必须每一个活动都进行思维训练，而是一节课下来，必须要有活动是在进行显性的训练思维的。

（2019-01-11　Q 小学　Cherry 老师）

现在写教案,设计活动时会在后面写一个设计意图,看看这个活动训练的是低阶思维还是高阶思维,然后关注这个活动的思维层级适不适合教授对象的年龄和认知。

(2019-01-11 Q 小学 Super 老师)

在实际教学过程中,他们尝试通过改进提问、使用思维可视化工具、在教学评价中融入思维等不同的做法,发现追加提问和多提开放性问题更容易激发学生思考,思维导图能有效帮助学生整理思维,除了思维导图以外,还有其他一些相关的思维图示可以辅助教学,在形成性评价中纳入对思维训练的考察,对教师的教和学生的学都有一定的引导作用。

我觉得在小学阶段培养学生思维比较实际的一个做法就是提问,每次提问后多追加一个 how 或 why,这样有助于培养学生分析、判断和推理的能力。

(2019-01-11 S 小学 Berry 老师)

以前我在教学中考虑到语言难度,一般停留在"爱不爱吃花菜"这样的问题上,但后来在教学中尝试过提问学生"为什么不爱吃花菜"和"为什么要吃花菜",给了他们机会去解释"不爱吃花菜"的原因,用恰当的理由和正确的方式去说服别人"爱上吃花菜",在这个过程中他们也能找到语言来进行表达。

(2019-01-11 S 小学 Nana 老师)

刚才 Nana 说到的提问,我在教学中也有很多实践,有意识地给学生多一点开放性的问题,少一些只有固定答案的问题,学生们表现更加活跃,表达欲望更加强烈。

(2019-01-11 S 小学 Blue 老师)

单元复习和期末复习的时候,我都会采用思维导图帮助学生整理所学内容。无论是单词还是课文,都采用思维导图的形式,先带着他们整理,然后他们自己再在这个基础上进行个性化的整理,学生们无论成绩高低,都很喜欢。

(2019-01-17 T 小学 Milk 老师)

我在故事教学中使用过流程图(Flow Map)辅助讲解故事情节。我还使用过双气泡图(Double Bubble Map)让学生对事物的相同点和不同点进行比较,比如在选择宠物时,让学生采用双气泡图对两种宠物进行比较,他们做得很开心。

(2019-01-17 T 小学 Peppa 老师)

除了思维导图,我还尝试过鱼骨图,在 Read and Write 部分可以使用鱼骨图来进行梳理,学生反映也挺好的。

(2019-01-17 T 小学 Milk 老师)

英语学习中的思维训练也要注意一个导向问题:评价。我们学校尝试了在过程性评价中设置了一个单元实践作业,占 20 分,在总成绩里面也占20%。每个单元结束后有一个综合实践任务,引导教师和学生在教与学的过程中去更多的鼓励思考和参与思考,用评价去带动做更多的思维训练。工作量有点大,但是指挥棒的功能在慢慢体现。

(2019-01-17 T 小学 Peppa 老师)

关于低段和高段学生表达过程中都会存在的语言储备不够的问题,有回访对象表示,英语作为外语具有其特殊性,学习的过程中本身就不能局限于教材上的语言,只要学生的思维能够跟上,老师需要做的就是多一点的追问以及根据学生思维表达需要提供语言支持。

提问,多追问是可以促进思考的。在我的实践中,通常第一个 why 学生很积极,也是可以用英语回答出来的,接着再往下问,会激发他们更多的思考,只是英语表达可能就会有点困难,实在是困难了,我会给学生提供示范。这种 push 多了,学生的语言和思维是都有进步的。(访谈人员:以前不会这样 push?)是的,以前不会注意这个,现在养成了这个习惯了。反思的过程中,我感觉自己的元认知水平提高了。

(2019-01-17　T 小学　Milk 老师)

思维应该是发生在学习的每一个环节中的。之前我们说可以去多提问,多追问一个 why。但是这个 why 在什么时候用恰当,可能有的时候我们问 why,但是学生的语言达不到,该怎么解决?这是个挑战。小学生对很多问题的认知是达到了的,但是语言学习没有跟上。举个例子,"How are you?""I'm fine." 这个最简单的一问一答,学生用起来就有问题。一个学生明明看起来很疲倦、很不开心的样子,如果他回答"I'm fine",那老师就要询问他到底发生了什么,再示范给他和其他孩子很疲倦、不开心甚至不舒服等如何用语言表达,有了这些 language supports,他们就自然会更加积极地思考和表达,语言和思维都会得到发展。

(2019-01-17　T 小学　Twilight 老师)

教材里面本身也会有一些评价类的训练,但教学设计可以增加一些更深层次的训练。最开始学生会有点懵,不适应,或者期待着老师给出一种直接的评价标准,但是当老师引导他们给出很多不一样的回答时,他们的思维就会被逐渐地打开,跳出原来的思维模式。语言能力好的同学可以用英语表达,语言不那么好的同学中文表达之后,我再提供英语表达支持。

(2019-01-17　T 小学　Peppa 老师)

四 融思促学问题困难与需求

个别老师对思维可视化工具的认知和操作均存在误区,认为思维导图就是所有思维可视化工具的总称,除了思维导图以外不知道其他思维可视化工具。

读了一本思维导图的书后,我在三年级实践了思维导图的应用。其他图示没有用过,我觉得思维导图够用了,不需要其他图示了。思维导图有助于训练学生分类、总结等技能。

(2019-01-11　Q 小学　Jane 老师)

我主要在教学板书上使用思维导图,帮助学生一目了然地知道学习内容,训练学生总结与归纳技能,但是我没有明确地告诉学生这是思维导图。学生见识多了,就会慢慢地去使用思维导图,大概到六年级的时候吧,他们就能很灵活地运用思维导图了。

(2019-01-11　Q 小学　Cherry 老师)

回访对象们普遍反馈,经过返岗实践发现英语学习启蒙或者初始阶段,受语言学习内容和规律的影响,多数情况下他们都是采用低阶思维训练来夯实语言基础;但相比较而言,高段学生由于语言学习期更长,储备量更多,在课堂教学活动中能够接受、理解和采用的学习策略更多,运用高阶思维解决语言问题的效果也更明显;但在高阶思维训练中,即使是高段,语言表达欠佳的学生倾向于改用母语来表达,短时期内看在一定程度上影响到语言教学目标的达成,但长期来看是有利于思维能力的发展的。

把思维训练融入英语教学设计是非常有建设性的。如何在单元教学活动中设置合适的任务,让学生真正经过一番思考再进行表达,我觉得低段的学生还是有点问题,但是高段的学生就会好很多,能够想尽各种办法去完成任务。(访谈者:低段的学生的问题主要在哪里?)低段的学生主要就是语言储备量不够,即使想到了,但是缺少语言储备,就不会表达互动,教师就要提供语言支持,否则就没办法继续了。

(2019-01-11 S 小学 Coco 老师)

低段的学生语言表达能力没有达到层次的时候,我是这样做的,一是降低活动的难度,将活动简单化,比如连线或者画画,二是引导学生使用母语或者肢体语言进行辅助,也就是说,英语课不只是训练语言,也要训练思维。

(2019-01-11 S 小学 Blue 老师)

高段的学生能用语言表达得更多,思维就更复杂一点。低段的学生,思维训练就会低阶一点,更多识记的、理解的和应用的,这些也是为高段更多地开展高阶思维训练做准备的。

(2019-01-11 S 小学 Berry 老师)

当然不是说低段就是只训练低阶思维,高段才去训练高阶思维。思维训练,不只是通过英语教学来实现的,而应该是每一门课每一节课,都应该是在低阶训练的基础上去培养高阶思维,实现思维训练的学科综合。只是英语学科比较特殊,在英语教学中存在一个语言转换过程,不是思维达不到,很多时候是语言达不到,所以高段中一些同学使用母语来表达,比不参与的要好,对思维能力的培养是有帮助的。设定教学目标的时候,就要区别对待熟练与运用,以及语言目标与非语言目标。

(2019-01-11 S 小学 Coco 老师)

要实现思维能力与语言能力的同步培养,缺少资源支持是他们目前面临的主要困难之一。与此同时,教学评价改革迫在眉睫,缺少评价标准的引导,教与学的改进就少了动力。

常用的考试试卷多对语言知识的认识、理解进行考查,要求比较低,教学中通过低阶训练就可以达成。但是阅读,如果持续的只是考查对基本信息的捕捉,就失去了它的意义,如何通过阅读来培养学生的高阶思维,从教学和评价两个方面来做,我很期待,一方面教师要示范和帮助学生在文本信息中通过分析、推理、判断、评价等去做题,另一方面教师要指导学生更多地认识到他们在阅读过程要做什么。

(2019-01-11 Q 小学 Super 老师)

如果教学评价不改革,大家会更多地先把语言目标解决了后,再去想如何来达成思维品质培养的目标。语言目标的达成过程中,通过低阶思维训练就能够完成得比较多,如识记、理解和应用等。但是思维品质培养,就要更多地训练高阶思维了,需要做更多的设计,开发新的资源。这个在一线的具体操作上就会有矛盾。

(2019-01-11 S 小学 Coco 老师)

在小学英语教学中,尤其是阅读教学这种较难课型中如何融思促学,特别是通过教学目标的设定、教学活动的设计和教学评价的改革来落地学生语言能力与思维品质的培养需要进一步的指导与实践。阅读教学的难点不只是素养、策略等的培养,学生的词汇基础对阅读影响也很大。

　　小学阶段听说还好点,相对而言,教材和教学都会偏重听说,但是阅读就不一样了,需要学生真正了解阅读方法、理解语言。我们在平时成绩中设置了听和读各占一部分,但是读怎么通过评价来进行引导？读词是难点,读的过程中运用哪些技能,怎么指导读,这些都是比较难以落实的。

　　　　　　　　　　　　　　　　　　　　　　　（2019-01-17　T 小学　Peppa 老师等）

　　综上所述,不难发现:回访对象们在理论层面缺乏认知内容,在实践层面需要资源支持、课型探索、评价引导等。

　　针对这些问题,访谈者抛出如果团队后续组织开展融思促学实验研究,是否有回访对象愿意担任实验教师,12 名回访对象全部第一时间表示希望团队能够组织开展融思促学实验研究,3 人愿意担任实验教师参与实验研究。

第二节　研究设计

一　研究观点

　　语言与思维相互作用。全球核心素养背景下,儿童外语语言能力和思维品质,对学生成长和社会发展至关重要。语言学习过程中,将思维技能作为工具开展思维训练,可促进语言学习质量提升。语言学习任务,或简单或复杂。使用单个思维技能可帮助完成简单学习任务,但相比较而言,完成复杂学习任务则需要两个或者两个以上思维技能,过程相对复杂。融入式思维技能训练,在语言学习过程中训练多种思维技能,有助于同步提升语言能力和思维能力。

　　词汇学习质量对阅读理解质量起决定作用。阅读过程中,学习者思维策略运用和高阶思维训练决定对书面文本的理解质量。在英语阅读教学中开展融思促学,基于恰当的思维理论框架,以阅读素养为主线,以思维品质为抓手,以思维活动为载体,融入思维技能和思维工具示范与训练,从教学目标设定、教学活动组织、教学任务产出以及教学评价考核等各个环节开展简单思维训练和复杂思维训练任务,可提升学生对思维技能的体验和认知,促进学生英语阅读能力与思维技能的双发展。

二　研究思路

　　重庆第二师范学院"外语教育融思促学研究团队"（以下简称"研究团队"）在理论研究的基础上,从重庆市 N 区小学英语学科教学和思维训练现状与需求出发,特别是重庆市"巴渝海外引智计划暨第一届英语教学与思维训练高端工作坊"基地小学英语教师回访结果,聚焦儿童英语阅读（含词汇,下同）能力和思维技能发展,在基地合作学校中遴选实验学校、实验班和对照班,合作组织开展为期一年半的英语阅读融入式思维技能训练实验研究（以下简称为融思促学实验研究）,采用布鲁姆和安德生教育目标分层体系开发和植入儿童英语阅读融思促学活动,对英语阅读课堂教学进行融思促学干预,开展英语阅读教学融入式思维技能训练实验研究,回答研究问题,具体如下:

(一)研究安排

1. 实验前

研究团队按照典型抽样、方便抽样和分层目的性抽样等抽样方法,确定实验学校、实验年级、实验班级和实验教师。以校内期末考试成绩为主要依据,在实验学校实验年级中任意抽样实验班和对照班,在实验年级任课教师中采取方便抽样确定实验班和对照班任课教师、实验班特别追踪学生代表。做好实验班英语阅读与思维技能训练实验干预准备:测试命题方案、融思促学活动资源设计、师生访谈沟通以及实验班前测等。

实验前数据包括实验班和对照班期末考试成绩、实验班和对照班前测成绩、实验班和对照班教师访谈记录、实验班学生访谈记录等。

2. 实验中

研究团队按照布鲁姆和安德生教育目标分层体系中的认知过程和知识类型结合实验班教学内容,设定教学目标和开发教学活动,重点关注阅读学习和词汇学习中简单思维和复杂思维的训练与指导;实验班任课教师负责在实验班英语教学中,重点开展阅读教学和词汇教学中的思维技能训练与指导,并定期形成教学反思和接受访谈。实验研究团队不定期下校指导和组织研讨实验班教学活动开展。实验班原则上每教授完2个单元组织开展阶段性测试,测试方式与前测一致,测试材料与同期学习难度系数一致。

对照班任课教师按照常规教学理念、方法和安排进行教学,不接受任何实验干预,任课教师不定期形成教学反思和接受研究团队访谈。对照班学生不参加阶段性测试。

实验中数据包括教师访谈记录、学生访谈记录、日常课堂教学观摩记录、阶段测试成绩等。

3. 实验后

研究团队对实验班和对照班同期进行后测,测试方式与实验班阶段测试一致,测试材料与同期学习难度系数一致。实验数据包括后测成绩、师生访谈记录等。

研究团队以实验研究过程数据为基础,以英语阅读教学的融入式思维技能训练路径、方法和效果为出发点,遵循儿童认知发展规律,对英语语言知识学习和语言技能发展从简单思维技能(如记忆、理解、分析、评价等)到复杂思维过程(如批判性思维、创造性思维)认知层级的融入目标、路径和方法等进行总结和提炼,构建儿童外语教育融入式思维技能训练理论模型。

特别说明:实验包括准实验和正式实验,按照自然学期分为三个阶段进行。准实验时长为一个学期,主要用于磨合研究团队与实验学校、实验班级、任课教师之间的协作以及实验干预探索等,包括教学活动资源开发、融思促学教学设计、融思促学教学组织、阶段测试组织评阅、数据采集整理分析等。正式实验时长为两个学期,在准实验研究的基础上,主要用于验证研究观点,回答研究问题。各阶段由研究团队和实验学校双方总执行人根据实际教学运行情况共同协商安排和落实。

（二）研究问题

研究团队通过实验研究数据分析,重点比较实验班和对照班英语阅读能力发展水平、思维技能体验感受和基本认知等情况,同时了解实验教师在融思促学中存在的具体困难和问题等,回答以下研究问题,验证研究假设:

（1）实验班经过英语阅读融思促学训练后语言测试成绩是否有提升? 与对照班是否有显著差异?

（2）实验班经过英语阅读融思促学训练后思维技能发展呈现怎样的特征? 与对照班是否有显著差异?

（3）实验班经过英语阅读融思促学训练后,思维活动体验呈现怎样的特征? 与对照班是否有显著差异?

（4）实验班经过英语阅读融思促学训练后思维技能认知呈现怎样的特征? 与对照班是否有显著差异?

（5）实验班任课教师在实验过程中面临哪些困难? 需要得到哪些专业支持?

三 研究方法

本实验研究以实验研究法为主,问卷调查法、访谈法、课堂观察法、文本分析法为辅,具体如下:

（一）实验研究法

本实验研究系教育实验研究,实验场所为学校和课堂,非常规科学实验室。为最大程度上规避教育实验研究不足,达成非常规实验研究价值,研究团队在实验设计与实施过程中积极遵循研究规范,采用尽可能合理的抽样方式选定实验对象,尽量控制外部影响与消减外部干扰,力求从小样本中去尽可能地接近教育真相:

1. 实验抽样

（1）实验学校抽样:采用典型抽样（Typical Sampling）,实验研究团队在重庆市 N 区确定合作较为密切、研究意愿强烈的基地学校 S 小学为实验学校。该校非市级重点小学,非英语特色学校,长期以来严格执行教育公平原则,每个年级在一年级进校时对所有学生进行混合编班。每个年级 10-12 个班,全部为平行班,无重点班。

（2）实验班级抽样:S 小学根据学校英语学科发展现状和改革需求,采用方便抽样（Convenience Sampling）,确定五年级为实验年级,在五年级 12 个平行班中任意选取 6 个班作为准研究对象,再结合 S 小学校内期末考试成绩使用 SPSS 25.0 进行统计分析后采用分层目的性抽样（Stratified Purposeful Sampling）确定实验班与对照班。

（3）实验教师抽样:研究团队采用方便抽样（Convenience Sampling）,在 S 小学英语教研组中按照资历、教龄相当,结合教师意愿和实验需求,确定实验班任课教师和对照班任课教师各 1 名。

（4）实验学生抽样:研究团队采用差异抽样（Variation Sampling）方式,在实验班级中确定部分学生代表作为重点跟踪对象。

2. 实验干预

（1）实验教师角色与行为转变：实验班任课教师按照实验设计与要求转变个人角色，担任实验班英语课程教学，在不断加强语言学习、思维训练、阅读教学等领域理论学习的同时，按照布鲁姆和安德生教育目标分层体系中的认知过程和知识类型，结合五年级教学目标与要求，从教学目标设定、教学活动组织、教学任务产出以及教学评价考核等各个环节融入简单思维和复杂思维综合训练，在各单元阅读教学中植入提取、概括、分析、判断、推理、评价和创造等思维技能以及使用恰当的思维工具，对实验班实施英语课堂教学融思促学干预，不定期反思反馈实验干预效果与问题，过程性物化实验研究成果。对照班任课教师负责在实验期内按照常规教学理念、方法和安排进行教学，不接受实验干预。

（2）实验干预资源支持与指导：为减轻实验班任课教师开展英语阅读融入式思维技能训练实验负担，实验研究团队提供由团队成员合作设计编写的与实验班所使用英语教材配套的各单元学习的思维训练活动手册，供实验班任课教师在教学过程中直接使用或者参考性使用，不定期观摩实验班任课教师课堂教学，了解实验班任课教师实验干预效果与存在的问题，并提供理论指导和改进建议。

3. 实验控制

（1）实验教材：实验采用 S 小学一直使用的人教版三年级起点的英语教材。

（2）实验课时：实验期间 S 小学实验班和对照班英语学科课时不变，与其他平行班级保持一致，照常执行学校的各项教学活动安排。

（3）实验测试：常规的校内学科测试包括听力、词汇、阅读等题型，为加强英语阅读融入式思维技能训练对教与学的导向，研究过程中的测试由实验研究团队根据阶段教学内容自主命题，卷面由词汇和阅读两大板块构成，各占 50%；词汇采用图义判断、语义匹配、词汇银行、词汇分类等题型，检测学生对词汇的记忆、理解和分类等；阅读采用选择题和问答题等方式，检测学生提取、概括、分析、判断、推理、评价和创造等思维技能以及过程中对思维工具的使用。测试题命制后先在非实验班和非对照班进行小范围预测、修订，再按照计划组织分班独立测试。为最大程度上减小测试对校内教学活动和非实验对象的影响，实验班参加全部测试，对照班仅参加第一次测试和最后一次测试。

（4）干扰消减：校外英语培训近年来受到社会的追捧。中小学生自愿参加校外机构学（补）习英语的现象较普遍。根据 S 小学组织的校外机构学（补）习英语调查统计，五年级学生自愿校外学（补）习比例基本均衡。

4. 数据分析

研究团队采用 SPSS 25.0 对本实验的主要数据，即实验班全过程测试数据和对照班后测数据，包括总分和各大题得分，进行描述性统计卡方检验和方差分析。

（二）访谈法

为更客观地解读以测试数据为主的实验研究数据，本研究对实验班任课教师、对照班任课教师、学生代表等不定期进行访谈，作为补充性研究数据。

访谈采用半结构式提纲，便于现场进行调整和跟进。访谈由实验研究团队核心成员担任访谈人，访谈地点在 S 小学校内，访谈时间为 S 小学行课期间的午休或者放学后时间。访谈前,实验研究团队成员先与被访谈教师、学生取得联系,告知访谈目的、内容和方式,获得被访谈教师、学生同意后在约定时间和地点进行面对面访谈。

访谈过程现场由实验研究团队成员使用手机或者录音笔录音,结束后先使用"科大讯飞"进行初步转写,再人工校对形成访谈转写记录。

所有访谈转写记录采用质性数据分析方法手动完成开放式编码、主轴式编码和核心式编码。为规避个人偏见,先由实验研究团队助理加工整理,提出开放式编码和主轴式编码,再由实验研究团队三名核心成员共同研讨、确定主轴式编码和提炼核心式编码,对其中有异议的内容与数据源进行电话或者当面核实。

(三)课堂观察法

为保障实验过程中课堂教学干预质量,实验研究团队在不打扰 S 小学原定教学活动安排的前提下,不定期观摩实验班任课教师课堂教学,了解实验班任课教师实验干预效果与存在的问题,并提供理论指导和改进建议。

课堂观察以实验研究团队自行研制的观察量表为工具,量表内容因观察对象和观察目的不同分为两种:教师观察量表和学生观察量表。前者主要聚焦实验班任课教师教学干预过程中的教学组织和效果,后者主要聚焦实验班学生代表在教学干预过程中的参与表现。观察量表数据是对实验研究主要数据的补充与辅助。

课堂观察前,实验研究团队成员先与实验班任课教师、被观察班级和学生取得联系,获得被观察教师和学生同意后在实验班正常行课期间进入教室观察。观察期间,实验研究团队成员不参与课堂教学活动,不对课堂教学组织进行任何干扰。

每次课堂观察由三名实验研究团队成员完成。课堂观察结束后,为规避个人偏见,先由实验研究团队助理汇总整理观察记录,对量化数据进行统计,对质性数据提出开放式编码和主轴式编码,再由实验研究团队三名核心成员共同研讨、确定主轴式编码和提炼核心式编码,对其中有异议的内容与数据源进行电话或者当面核实。

(四)文本分析法

为更有针对性地指导实验班任课教师按照实验干预设计,从教学目标设定、教学活动组织、教学任务产出以及教学评价考核等各个环节融入简单思维和复杂思维综合训练,在各单元阅读教学中植入提取、概括、分析、判断、推理、评价和创造等思维技能以及使用恰当的思维工具,对实验班实施英语课堂教学融思促学干预,更深刻地反思反馈实验干预效果与存在的问题,实验研究团队对实验班任课教师不定期自愿提供的教学设计、教学反思、学生作品等进行文本分析,形成对主要研究数据的补充与辅助。

所有文本采用质性数据分析方法手动完成开放式编码、主轴式编码和核心式编码。为规避个人偏见,先由实验研究团队助理加工整理,提出开放式编码和主轴式编码,再由实验研究团队三名核心成员共同研讨、确定主轴式编码和提炼核心式编码,对其中有异议的内容与数据源进行电话或者当面核实。

(五)问卷调查法

针对小学生开展问卷调查存在一定的难度和困难。但考虑到疫情期间疫情防控需要,

2020年春季学期实验研究团队成员不便下校组织开展面对面访谈,也不便通过电话对学生进行访谈,将原定访谈改为关于英语课程学习的问卷调查。

问卷由实验研究团队研制,调查内容包括五个部分:第一部分为性别、班级等基本信息,第二部分为该学期的英语学习喜爱度、参与度调查,第三部分为该学期英语学习中经历的和喜爱的阅读学习活动调查,第四部分为思维技能和工具认知调查,第五部分为该学期阅读学习的困难和问题的开放式反馈。

问卷由S小学安排实验班和对照班学生自愿匿名填写,填写说明部分明确了问卷结果不纳入学生学业评价、教师教学评价,不进入学籍档案。

问卷回收后,先由实验研究团队助理完成有效问卷统计和数据整理,再由实验研究团队核心成员使用Excel、SPSS 25.0和词频软件进行分析,结果用于对主要研究数据的补充与辅助。

第三节 研究过程

一 研究准备

按照研究设计,2019年春季学期开始前,研究团队需要确定实验对象、研制实验试题、沟通实验内容以及开发实验资源等相关工作。

(一)研究对象确定

2018年12月实验研究团队采用典型抽样在重庆市N区确定合作较为密切、研究意愿强烈的基地学校S小学为实验学校。S小学依据实验学校英语学科教学现状和改革需求初步确定五年级作为实验研究年级,并由实验学校教研组采用方便抽样(Convenience Sampling),在12个平行班中任意选取六个班(分别命名为A、B、C、D、E、F班)共计267人作为准实验研究对象,以五年级上学期校内期末考试笔试成绩(总分为70分)为依据采用SPSS 25.0对六个班的成绩进行T检验和方差分析后确定对照班和实验班,具体过程如下:

1.6个班成绩初步统计

表3.1 准实验班级期末考试笔试成绩平均分统计

班级	A班	B班	C班	D班	E班	F班
人数	45	43	45	45	45	44
平均分	67.60	62.02	68.00	69.00	61.16	68.00

研究团队将六个班的人数和平均分进行初步统计,如表3.1所示,发现:B班和E班稍低于其余四个班,其余四个班的平均分数则非常接近。为保障实验班和对照班确定的合理性,研究团队采用SPSS 25.0对六个准实验班多次分组进行独立样本T检验和方差分析。

2.6 个班成绩差异分析

研究团队先将 B 和 E 两个班成绩进行独立样本 T 检验,如表 3.2 所示,发现:两个班之间不具有显著性差异($P=0.11>0.05$)。

表 3.2　B 班和 E 班成绩独立样本 T 检验

班级	人数	均值	标准差值	均值的标准误差值	显著性
B 班	43	62.02	5.77	0.88	0.11
E 班	45	61.16	7.58	1.13	

然后,研究团队将 A、C、D、F 四个班成绩采用单因素方差分析和多重比较,如表 3.3 和表 3.4 所示,发现:四个班组间不具有显著性差异($P>0.05$)。

表 3.3　A、C、D、F 班成绩单因素方差分析

	平方和	df	均方	F	显著性
组间	35.33	3	11.78	0.86	0.46
组内	2 385.59	175	13.63		
总数	2 420.92	178			

表 3.4　A、C、D、F 班成绩 LSD 多重分析

		均值差值	标准误差值	显著性	95% 置信区间 下限	95% 置信区间 上限
A 班	C 班	−0.27	0.78	0.73	−1.80	1.27
	D 班	−1.16	0.78	0.14	−2.69	0.38
	F 班	−0.74	0.78	0.35	−2.29	0.80
C 班	A 班	−0.27	0.78	0.73	−1.27	1.80
	D 班	−0.89	0.78	0.26	−2.43	0.65
	F 班	−0.47	0.78	0.55	−2.02	1.07
D 班	A 班	−1.16	0.78	0.14	−0.38	2.69
	C 班	−0.89	0.78	0.26	−0.65	2.43
	F 班	−0.41	0.78	0.60	−1.13	1.96
F 班	A 班	−0.74	0.78	0.35	−0.80	2.29
	C 班	0.48	0.78	0.55	−1.07	2.02
	D 班	−0.41	0.78	0.60	−1.96	1.13

研究团队再将 B、E 班合并为一组,将 A、C、D、F 班合并为一组,对两个合并组成绩进行独立样本 T 检验,如表 3.5 所示,发现:B、E 班合并组和其他四个班合并组的成绩具有显著差异($P<0.05$)。

表3.5 B、E 班合并组和 A、C、D、F 班合并组成绩独立样本 T 检验

班级	人数	均值	标准差值	均值的标准误差值	显著性
B、E 班	88	61.58	6.73	0.72	0.00
A、C、D、F 班	179	68.18	3.69	0.28	

　　研究团队根据前面的差异分析,可初步判断:六个准实验班级,要确定三个为实验班,三个为对照班,可采用"两高一低"的组合形式进行。为验证这一判断,研究团队将 A、B、C 三个班合并为一组,D、E、F 三个班合并为另一个组,将两组成绩进行独立样本 T 检验,如表3.6所示,发现:两个合并组成绩之间不具有显著性差异(P=0.79>0.05)。

表3.6 A、B、C 班合并组与 D、E、F 班合并组成绩独立样本 T 检验

班级	人数	均值	标准差值	均值的标准误差值	显著性
A、B、C 班	133	65.92	5.60	0.49	0.79
D、E、F 班	134	66.10	6.01	0.52	

　　综上所述,研究团队将 A、B、C 班确定为对照班,人数为 133 人,D、E、F 班确定为实验班,人数为 134 人。对照班和实验班中分别有两个近似班、一个稍弱班。

　　3. 跟踪对象遴选

　　研究团队采用差异抽样(Variation Sampling),在 D、E、F 三个实验班分别选取及格分数段和不及格分数段学生各 3 人共计 18 人,作为测试、访谈和观察等的重点追踪对象,采用"班级+层次(G/D)+数字"的形式对他们进行标注(见表3.7)。

表3.7 实验班追踪对象代码

学生分数段	D 班	E 班	F 班
高段	D-G-1 D-G-2 D-G-3	E-G-1 E-G-2 E-G-3	F-G-1 F-G-2 F-G-3
低段	D-D-1 D-D-2 D-D-3	E-D-1 E-D-2 E-D-3	F-D-1 F-D-2 F-D-3

　　4. 实验教师遴选

　　实验学校 S 小学在集团内进行师资遴选,经过校领导和英语教研组研讨后确定:由 W 老师担任三个实验班任课教师,B 老师担任三个对照班任课教师。两位老师教龄均在 10-15 年,学士学位,都代表学校参加过区级课堂教学竞赛,都参加过国培计划英语学科教师培训。W 老师受 S 小学选派参加了"重庆市巴渝海外引智计划暨第一届英语教学与思维训练高端工作坊",但 B 老师没有参加。

(二)实验试题命制

　　小学英语学科测试无论校内校外命题都具有综合水平测试导向,国内外没有关于儿童

· 53 ·

英语阅读能力和思维技能测试的统一量具。为了达成本实验研究聚焦英语阅读、词汇和思维技能进行测试目的,2018 年 12 月至 2019 年 1 月,实验研究团队经过反复研讨,最终确定了实验试题命制方案。

实验期间所有试题均依据实验班级正常教学进度所学内容聚焦阅读和词汇进行命制,总分为 100 分,词汇和阅读各占 50%。词汇部分 7 个大题共计 45 小题,阅读部分 1 个大题 3 个任务,分别融入词汇学习和阅读学习思维技能。词汇测试题型为图义判断、语义匹配、词汇银行、词汇分类,检测学生对已学词汇的记忆、理解和分类等;阅读测试要求阅读 1 篇短文,完成 3 个任务,题型为选择题和问答题,检测学生在阅读中进行提取、概括、分析、判断、推理、评价和创造等思维技能以及过程中对思维工具的使用。每次测试时长为 40 分钟。所有测试试题命制人员保持一致。所有测试试题命制后先在非实验班和非对照班进行小范围试测。所有测试组织与评阅由实验研究团队负责,提前与 S 小学确定测试时间、测试地点和监考人员名单等。

(三)实验前测组织

为保障准实验研究的参考价值,实验研究团队于 2019 年 1 月组织实验班和对照班完成了整个实验研究的第一次测试(T1)试卷命制。测试内容以 S 小学五年级学生三、四年级以及五年级上学期所学的英语(三年级起点)内容为主。试题结构、题量、分值和考查的思维技能如表 3.8 所示:

表 3.8　测试试卷命制方案

题目		题量	分值	思维技能
第一题		6	6	图义判断
第二题		6	6	语义匹配
第三题		10	10	词义形识记、提取
第四题		6	6	词义形识记、提取
第五题		6	6	词义形识记、提取
第六题		6	6	理解、分类
第七题		5	10	理解、分类
第八题	任务一	3	15	信息提取
	任务二	3	15	判断推理
	任务三	1	20	分析、评价、创造

2019 年 1 月 3 日,实验研究团队命制好前测试题后先在非实验班和非对照班遴选对象班级进行了试测,43 人参加测试,测试成绩正态分布,及格率超过 76%,平均成绩超过及格水平。实验研究团队根据试测结果对命题进行了修订和再次小范围测试,最大限度规避了命题中重复出现的词汇或易引发歧义的图片等,确定了作答预设和评分标准。

2019 年 1 月 11 日,实验研究团队对实验班和对照班按照正常考试要求组织了第一次测试(T1),测试时长为 40 分钟,每个班由两名教师监考,严格执行考试纪律。因个别学生考试时间段有其他学科课程安排或校内社团活动安排等原因,存在少量缺考现象。

　　研究团队对实验班和对照班实验前 T1 测试总分进行分析,将对照班 A、B、C 合并组的 T1 成绩与实验班 D、E、F 合并组的 T1 成绩导入 SPSS 25.0 软件进行独立样本 T 检验后,如表 3.9 所示,发现对照班与实验班在 T1 的成绩上不具有显著性差异($P = 0.88 > 0.05$),该结果与实验班和对照班分班时的统计分析结果一致,一定程度上说明了试卷命题的可行性。

表 3.9　对照班与实验班在 T1 成绩独立样本 T 检验

	F	Sig.	t	df	Sig.（双侧）	均值差值	标准误差值	差分的95%置信区间 下限	上限
假设方差相等	0.54	0.46	0.15	237.00	0.88	0.38	2.58	−4.71	5.48
假设方差不相等			0.15	234.60	0.88	0.38	2.59	−4.71	5.48

（四）实验教师沟通

　　2019 年 2 月,实验研究团队与对照班任课教师 B 老师和实验班任课教师 W 老师分别就实验相关内容进行了沟通。

　　与 B 老师沟通的内容主要包括实验研究背景、研究目标和对照班教学安排,明确对照班任课教师负责在实验期内担任三个对照班的英语教学,按照常规教学理念、方法和安排组织开展,不接受实验干预。沟通过程中,B 老师提出两点:一是实验班任课教师有实验研究团队的理论指导和资源支持,对照班没有接受理论指导和资源支持,实验班测试成绩肯定优于对照班;二是实验期间,配合实验需要的同时,要尽量减小对对照班的干扰,对照班学生尽量不参加访谈且只参加最后一次测试。对此,实验研究团队表示理解,并作出了解释与回应:一是实验研究是通过实验去验证研究假设,结果有两种:证真和证伪,即证明研究假设成立或者不成立;二是为了在尽可能不干扰对照班常规教学的同时搜集足够的实验数据,对照班学生不参加过程性测试,尽量减少访谈,不参与课堂观察等。B 老师欣然接受。

　　与 W 老师沟通的内容主要是实验研究背景、研究目标、阶段安排、干预内容、资源支持、测试组织等。W 老师对实验研究安排分为准实验和正式实验表示赞成,准实验期有助于她、实验班和实验研究团队之间的磨合。关于干预内容的具体操作,她表示有压力,希望实验研究团队核心成员能够多帮扶指导,但也明确提出课堂教学观摩次数不宜过多,以免压力过大;关于干预效果和可能遇到的问题,她更希望采取通过提交教学设计和教学反思,由实验研究团队对其进行指导与引领的方式来完成;关于测试组织,她对内容和结构没有异议,表示了解了教学评价对融思促学干预会更有帮助。实验研究团队感谢她对实验研究的支持和参与,对她的压力比较理解,实验研究团队将与她一起共同应对实验研究过程中的所有工作和困难,共同商议决策。

（五）实验资源准备

　　从 2018 年年初开始,重庆第二师范学院"外语教育融思促学研究团队"在巴渝海外引智专家英国纽卡斯尔大学林梅博士的指导下积极致力于小学英语融思促学活动资源开发,12 月,研究团队选送了第一批完成的融思促学活动参加全国首届未来学校博览会,受到了来自市内外参会一线教师的肯定与欢迎。研究团队大受鼓舞,结合即将在 S 小学开展的融思促学实验研究,开发五年级融思促学活动资源,供实验班任课教师在实验干预过程中植入课堂教学。

融思促学活动资源与 S 小学英语学科使用的教材——人教版(三年级起点)各单元话题相配套,从课标中各话题下语言知识和语言技能学习要求出发,提供语言知识学习和语言技能训练的活动。每个单元采用"Top-down"的语言学习理念,在语言知识学习和语言技能训练中融入思维技能,整体特点鲜明:

思维技能融入的显性化。显性化途径多元,一是在学生版和教师版的活动步骤中凸显思维技能动词表达并不断重复,有助于师生理解和记忆。二是在教师版活动过程说明之后采用思维试纸,将活动步骤与对应的思维层级相匹配,有助于教师明确所设计活动的认知复杂度,并检查单元活动设计的思维层级的多样性。三是在活动步骤旁边运用提示贴纸,凸显思维工具和策略的使用说明,促使教师有意识地引导学生借助思维工具和策略强化思维训练。

思维技能融入的具体化。针对一线教师反馈在英语教学中融入思维训练太过抽象、不知道如何在课堂中实现这一问题,活动设计教师版从一线教师角度,模拟教案形式,对教学目标设定和教学活动步骤、教学建议等进行了具体说明,帮助教师快速进入融入式教学实践。部分活动步骤说明还提供了多种方案和实施建议,给予教师空间根据自身课堂情况进行筛选与调整。

思维技能融入的全面性。思维训练方面,依据修订版的布鲁姆教育目标分类框架的认知维度,覆盖低阶思维技能和高阶思维技能。结合各单元主题情境,教学活动设计兼顾基础思维技能活动和复杂思维过程任务,关注单个技能和复杂思维的同步训练。语言教学方面,每个单元采用从整体到局部的教学思路,从听、说、读、写等语言技能入手,落实到词汇、语法等语言知识的学习,满足不同的语言教学需求。

二 准实验过程

2019 年 3 月,准实验正式启动,持续到 5 月,为期两个月。实验研究团队负责提供融思促学活动资源,W 老师负责在实验班英语教学中开展融思促学实验干预,根据实际需要直接选用或者改编融思促学活动资源,实验研究团队核心成员进入融思促学课堂教学观摩,课后与 W 老师就课堂教学融思促学干预中的教与学行为进行反思和研讨,并对实验班学生代表进行访谈以及组织准实验后测等,具体如下:

(一)活动资源支持

实验研究团队按照前期与实验班任课教师 W 老师的沟通内容,针对五年级下学期英语教学内容——人教版小学英语教材(三年级起点)五年级下册的第一和二单元提供融思促学活动资源,按照语言技能和语言知识板块提供听说、读写、词汇和语法四个板块的活动,由 W 老师在融思促学教学过程中根据实际需要直接选用或者改编后使用。

(二)融思促学干预

融思促学教学干预主要包括设计和实施两个环节。设计环节由实验研究团队核心成员和实验班任课教师 W 老师共同完成。实施环节由实验班任课教师 W 老师单独完成,实验研究团队观摩指导。

第一单元(My Day)教学设计过程中,W 老师提出在不增加单元教学学时的前提下,如果每节课植入融思促学实验干预,可能会打乱她的教学习惯,实验研究团队对她的担忧表示理解和尊重。双方明确了单元教学目标之后,W 老师负责组织开展单元教学,尝试准实验期间第一种融思促学干预模式:在单元语言学习任务完成后,选择部分融思促学活动资源,整理出一个课时的教学材料,聚焦词汇复习和阅读训练(Story Time),作为对整个单元教学的补充和拓展,在语言学习基础上再进行同步的语言巩固与思维训练。

第二单元(My Favorite Season)教学设计过程中,W 老师态度非常积极,对实验研究团队提供的活动资源认同度较高,提出尝试准实验期间第二种融思促学干预模式:直接在单元教学过程中,针对阅读板块以及对阅读有帮助的其他板块词汇学习过程,每个部分都植入融思促学活动资源,同步开展语言训练和思维训练。

实验研究团队在第一单元最后一个课时到三个实验班进行了教学观摩,主要观摩点为:融思促学活动资源在实验干预中的操作性以及后续需要进行哪些改进;代表性学生的参与表现,即专注力、举手次数以及回答问题质量等。

实验研究团队结合课堂教学观摩,对实验班任课教师师生行为表现进行分析,为实验班任课教师提供进一步融思促学理论指导。

(三)测试成绩分析

2019 年 4 月,实验班完成了第一、二单元教学后,实验研究团队按照正常考试要求组织三个实验班开展了准实验阶段后测(简称为 T2)。研究团队对 T2 测试成绩进行分析后,再将 T1 与 T2 成绩根据测试总分、词汇技能得分和阅读技能得分分别进行比较,为正式启动实验研究提供参考。

1. 实验班总分分析

研究团队将 3 个实验班 T1 和 T2 总分导入 SPSS 25.0 后采用单因素方差分析,如表 3.10 所示,发现:在准实验阶段前后两次测试中,实验班之间的测试成绩具有显著性差异($P<0.05$);再转入 LSD 进行多重比较,如表 3.11 所示,发现:实验班 E 班分别与 D 班、F 班具有显著性差异($P<0.05$)。该结果与实验班遴选时以校内期末考试成绩统计分析结果一致。

表 3.10 实验班 T1 与 T2 成绩单因素方差分析

		平方和	df	均方	F	显著性
	组间	6 378.19	2.00	3 189.10	8.77	0.00
T1	组内	42 179.21	116.00	363.61		
	总数	48 557.40	118.00			
	组间	8 086.93	2.00	4 043.47	10.33	0.00
T2	组内	45 427.86	116.00	391.62		
	总数	53 514.79	118.00			

表 3.11　实验班 T1 与 T2 成绩内部多重比较

(I)测试次数	(J)实验班级	均值差值(I-J)	标准误差值	显著性	95%置信区间 下限	上限
T1	D班 E班	15.23	4.33	0.00	6.66	23.81
	D班 F班	-1.33	4.19	0.75	-9.62	6.96
	E班 D班	-15.23	4.33	0.00	-23.81	-6.66
	E班 F班	-16.57	4.36	0.00	-25.19	-7.94
	F班 D班	1.33	4.19	0.75	-6.96	9.62
	F班 E班	16.57	4.36	0.00	7.94	25.19
T2	D班 E班	19.46	4.49	0.00	10.55	28.36
	D班 F班	3.70	4.34	0.40	-4.90	12.31
	E班 D班	-19.46	4.49	0.00	-28.36	-10.55
	E班 F班	-15.76	4.52	0.00	-24.71	-6.80
	F班 D班	-3.70	4.34	0.40	-12.31	4.90
	F班 E班	15.76	4.52	0.00	6.80	24.71

研究团队再使用独立样本 T 检验对 D 班、E 班和 F 班在两次测试中的成绩是否具有显著性差异进行探讨,如表 3.12 所示,发现:三个班在两次测试中的成绩不满足统计学上的显著性差异($P=0.53$,$P=0.48$,$P=0.75>0.05$)。

表 3.12　D 班、E 班和 F 班 T1 与 T2 成绩独立样本 T 检验

		F	Sig.	t	df	Sig.(双侧)	均值差值	标准误差值	差分的95%置信区间 下限	上限
D班	假设方差相等	0.01	0.92	-0.63	85.00	0.53	-2.78	4.40	-11.53	5.97
	假设方差不相等			-0.63	84.34	0.53	-2.78	4.40	-11.54	5.98
E班	假设方差相等	1.40	0.24	0.71	78.00	0.48	3.25	4.60	-5.91	12.40
	假设方差不相等			0.70	70.12	0.49	3.25	4.66	-6.05	12.54
F班	假设方差相等	0.52	0.47	-0.32	82.00	0.75	-1.05	3.28	-7.58	5.48
	假设方差不相等			-0.32	81.28	0.75	-1.05	3.27	-7.56	5.46

2. 实验班词汇技能得分分析

研究团队将三个实验班的词汇技能得分总分导入 SPSS 25.0 进行独立样本 T 检验,如表 3.13 所示,发现:实验班在经过 T2 测试后,词汇技能得分不具有显著性差异($P=0.11>0.05$)。

表 3.13 实验班 T1 和 T2 词汇技能总分独立样本 T 检验

	F	Sig.	t	df	Sig.（双侧）	均值差值	标准误差值	差分的95%置信区间	
								下限	上限
假设方差相等	0.00	1.00	−1.59	246.00	0.11	−2.08	1.31	−4.66	0.49
假设方差不相等			−1.59	241.05	0.11	−2.08	1.31	−4.66	0.49

研究团队随后对实验班内部词汇技能得分总分进行分析，如表 3.14 所示，发现：D、E、F班经过 T2 测试后在词汇得分上面均不具有显著性差异（P>0.05）。

表 3.14 D 班、E 班和 F 班 T1 和 T2 词汇技能得分总分独立样本 T 检验

		F	Sig.	t	df	Sig.（双侧）	均值差值	标准误差值	差分的95%置信区间	
									下限	上限
D 班	假设方差相等	0.67	0.41	1.58	84.00	0.12	3.17	2.01	−0.83	7.18
	假设方差不相等			1.57	81.82	0.12	3.17	2.02	−0.84	7.19
E 班	假设方差相等	0.62	0.43	0.31	77.00	0.76	0.71	2.28	−3.83	5.26
	假设方差不相等			0.31	68.02	0.76	0.71	2.32	−3.91	5.34
F 班	假设方差相等	0.89	0.35	1.95	81.00	0.06	3.24	1.66	−0.07	6.56
	假设方差不相等			1.94	78.45	0.06	3.24	1.67	−0.08	6.57

3. 实验班阅读技能得分分析

研究团队将实验班的阅读技能得分总分导入 SPSS 25.0 进行独立样本 T 检验和均值统计，如表 3.15、表 3.16 所示，发现：实验班在经过 T2 测试后，阅读得分具有显著性差异（P<0.05），T2 阅读技能得分总分均值明显高于 T1 阅读均值。

表 3.15 实验班 T1 和 T2 阅读技能得分总分独立样本 T 检验

	F	Sig.	t	df	Sig.（双侧）	均值差值	标准误差值	差分的95%置信区间	
								下限	上限
假设方差相等	56.72	0.00	−4.07	246.00	0.00	−10.40	2.56	−15.43	−5.36
假设方差不相等			−4.24	192.39	0.00	−10.40	2.45	−15.24	−5.56

表 3.16 实验班 T1 和 T2 阅读技能得分总分统计均值

测试次数	N	均值	标准差值	均值的标准误差值
T1	116	27.34	11.94	1.11
T2	128	37.74	25.15	2.19

研究团队再对实验班 D 班、E 班和 F 班在 T1 和 T2 的阅读技能得分总分进行独立样本T 检验和均值统计，如表 3.17、表 3.18、表 3.19 所示，发现：实验班 D 班 T1 和 T2 阅读技能

得分总分具有显著性差异（P<0.05），T2 测试均值明显高于 T1 测试均值，但 E 班和 F 班在 T1 和 T2 阅读总分上不具有显著性差异（P>0.05）。

表 3.17　D 班 T1 和 T2 阅读技能得分总分独立样本 T 检验

	F	Sig.	t	df	Sig.（双侧）	均值差值	标准误差值	差分的95%置信区间 下限	上限
假设方差相等	9.83	0.00	9.59	84.00	0.00	36.04	3.76	28.56	43.51
假设方差不相等			9.76	77.25	0.00	36.04	3.69	28.69	43.39

表 3.18　D 班 T1 和 T2 阅读技能得分总分统计均值

测试次数	N	均值	标准差值	均值的标准误差值
T2	45	65.36	20.29	3.03
T1	41	29.32	13.55	2.12

表 3.19　E 班和 F 班 T1 和 T2 阅读技能得分总分独立样本 T 检验

		F	Sig.	t	df	Sig.（双侧）	均值差值	标准误差值	差分的95%置信区间 下限	上限
E 班	假设方差相等	0.71	0.40	-1.18	77.00	0.24	-3.17	2.69	-8.52	2.18
	假设方差不相等			-1.17	69.80	0.25	-3.17	2.71	-8.58	2.24
F 班	假设方差相等	3.62	0.06	-0.85	81.00	0.40	-1.84	2.18	-6.18	2.49
	假设方差不相等			-0.86	75.46	0.39	-1.84	2.15	-6.13	2.44

综合以上关于准实验期间 T1 和 T2 测试的总分、词汇技能得分和阅读技能得分的统计与分析，我们不难发现：三个实验班在 T1 和 T2 测试的总分表现上与五年级上学期期末测试笔试结果一致，在两次考试之间总分、词汇技能得分没有显著性变化，但在阅读技能得分上有显著性变化，均值明显提高，三个班中，主要表现为 D 班的阅读技能得分显著提高。

（四）师生访谈分析

准实验期间对实验班任课教师和追踪学生代表进行了访谈。教师访谈时长 57 分钟，主要围绕实验研究干预具体操作和实验研究资源使用过程中实验团队的观察和教师的反思进行。学生访谈分两组进行，两组访谈时长合计 94 分钟，访谈主要围绕对英语学科喜爱程度、英语学科学习习惯和方法等进行。对师生访谈数据进行转写分析发现：

1. 思维技能教师认知

W 老师就在课堂教学中植入思维技能训练的两种形式均有了积极的探索，但对于思维技能的认知上存在一定的不足。首先，词汇部分，对图义匹配、图形匹配、回顾和提取等没有异议，但对分类技能的理解在教学实施中暴露出对分类的要求不明确，在操作流程上不能对学生进行有效指导。针对这种情况，实验研究团队及时进行了理论知识的补充和帮助。

（今天的教学观摩中，您在三个班做分类活动的时候，学生们的表现各不相同，您觉得分类技能的训练中，最重要的是什么？）分类的话，可以有标准，也可以有多重标准。比如今天这个关于活动的分类，有学生以短语中单词的个数来分，我觉得也是可以的啊，只要学生在分就行。另外，多重标准的话，有些活动就可能会在两个不同的分类里面。（也就是说您觉得在一次分类里面，一个短语可以多次使用，属于几个类别？）是的啊，比如以"indoor"和"outdoor"进行分类时，那么就有的活动是可以室内也可以室外的。（那您觉得这个分类标准设定本身有没有问题呢？）没有问题吧。

（2019-03-14　W 老师）

关于阅读中的复杂思维任务，W 老师对综合应用分析、评价等多个单项技能去帮助完成复杂思维任务的意识已初步建立，但偶尔会对单项思维技能如何有序组合帮助学生完成复杂学习任务不是特别清楚。

对于这个（Unit 2 的读后活动）题单的使用，我最开始的理解的是直接让他们填写就可以了，但是在第一个班的实际操作后发现，学生填写的过程是需要思维过程的，不是一个思维活动就可以完成的。后面两个班的教学中，我尝试着指导他们去完成，但是发现这个过程中里面如何去组合单个思维技能不是特别清晰，所以两个班做了不同的尝试。

（2019-03-14　W 老师）

2. 思维技能学生认知

关于词汇学习思维技能，学生们之前的认知主要集中在背和记，参与了分类活动后，对分类技能的认知有待进一步接受指导，与前面教师对这一技能的课堂实践后反思一致；极少部分学生会课外阅读英语绘本，关于阅读学习思维技能，他们之前了解的和经历的只有低阶思维中的记忆和理解，缺乏对高阶思维的认知。

单词的记忆，我会使用谐音进行记忆，把汉字写出来……但是这种方法就是会对语音有影响的（笑）。比较长的单词连起来确实比较难记，根据发音分节节记会好点。（老师主要教你们使用什么方法记忆单词？）音标吧。但是音标我们学习来有点难。（除了音标呢？）就是多读多写哦！

（2019-03-13　F-D-1 同学）

对于今天上课老师组织分类的这一组活动短语，我们这组有同学按照单词的个数或者读音来分的，我觉得这样分了没有什么帮助，对于理解意思，会更加混乱。（那你怎么分的呢？）我是按照活动的类别来分的，这样每一种活动都可以进入一类，然后再进行记忆就方面多了。

（2019-03-13　D-G-1 同学）

分类，我们之前也有用到过，但是没有在英语课上这样明确的说是分类。我觉得这种方法用于期末复习的时候是最好的，可以归类自己的单词表。还有就是阅读英文书的时候，如果有自己之前就分好类的词汇表，阅读起来会更好。

（2019-03-13　E-D-2 同学）

阅读，我自己有一套方法，就是要理解文章的意思，理解，不是死记硬背。老师要求大家朗读,有些同学就直接背,没有理解的背。(除了理解,还有其他吗?)其他就没有了,阅读里面一般用不上分类。

(2019-03-13　F-G-1 同学)

阅读,一般的话,老师会让我们先默读,然后朗读,还有就是翻译。(刚才有同学说老师会要求背阅读文章?)是的,背书,不能太死板的背,希望老师能教我们一些方法背。

(2019-03-13　F-G-2 同学)

3. 学生英语学习体验

整体上,追踪学生代表反馈他们对英语学科较重视,学习兴趣较浓,喜欢英语教师,对英语词汇学习所花的时间和精力较多;一半的学生参加校外英语培训,对校内校外英语教学差异感受明显,主要差异表现在学习过程的趣味性、学习结果的肯定等方面,对于校内校外教学中是否对词汇学习思维技能,没有感受到明显的不同;对于阅读学习思维技能,感觉阅读理解题目更有挑战、更有趣,但也更难;对于教学过程中教师语言的难度,学生们普遍表示到了高年级全英文教学是可以接受的。

校外的英语学习会比较有趣些,有很多的游戏,获胜的同学可以得到积分,积分可以兑换礼品。老师的话,校外的英语老师幽默诙谐,校内的英语老师就一丝不苟。

(2019-03-13　E-D-2 同学)

校外的英语学习有中教和外教,都有趣,内容上比校内英语有更多的拓展。(主要是哪些拓展呢?)内容,学习的材料,其他方面都差不多。(外教课会不会听不懂教师指令? 需要中教来翻译?)没有中教翻译,外教老师会肢体辅助,现在高年级了,久了,就懂了。

(2019-03-13　D-G-1 同学)

(五)正式实验准备

1. 准实验结果研讨

实验研究团队和实验班任课教师就准实验期间的实验干预操作和活动资源植入结合测试成绩分析和师生访谈结果进行了讨论,确定准实验研究过程达到了预期目标,完成了实验研究团队与实验学校、实验班级、任课教师之间的协作磨合以及实验干预探索等,包括教学活动资源开发、融思促学教学设计、融思促学教学组织、阶段测试组织评阅、数据采集整理分析等,并明确了后续开展的正式实验研究应该重点注意:

(1)聚焦重点技能训练。加强词汇学习中的图形义匹配技能和分类技能的重点训练,阅读学习中注重分析、评价和创造等高阶思维技能和复杂思维任务的重点训练。

(2)关注学生测试状态。因为实验研究测试成绩不纳入学生学业成绩,不占用英语教学时间,要注意引导学生认真参与测试。

2. 实验教师更换

按照实验研究原计划,实验班任课教师全程由 W 老师担任,但2019年4月底,W 老师接到国家汉办通知,她在实验研究启动前申报的对外汉语教师项目选拔获批,将于2019年5月赴京进行集训,8月赴国外担任为期一年的对外汉语教师。

情况突然,经实验研究团队和实验学校紧急研讨,在"巴渝海外引智计划暨第一届英语教学与思维训练高端工作访"训后访谈名单中推选 S 老师作为正式实验时实验班任课教师。S 老师相较于 W 老师,教龄稍短,但教学经验和教学比赛经历基本一致。经面谈,S 老师对于参与实验研究态度非常积极,并表示愿意在 2019 年暑期开始提前与实验研究团队核心成员开展秋季学期实验研究教学设计研讨。

三 正式实验

(一)实验研究干预

按照准实验阶段活动资源支持模式,由实验研究团队提前开发配套 6 年级上下册人教版共计 10 个单元的融思促学活动资源,包括听说、读写、词汇和语法四个板块,供实验班任课教师 S 老师在教学设计时进行选用或者改编。

2019 年秋季学期和 2020 年春季学期,实验班任课教师 S 老师逐步在三个实验班开展融思促学单元教学过程中融入模式和单元教学结束后融入模式的实验干预。与此同时,在不增加教学课时的情况下,辅以思维导图为代表的思维工具融入、课外同类主题绘本阅读植入、阅读技能专项指导训练。原则上每教授两个单元进行一次测试,2019 年秋季学期由实验研究团队命题和组织完成 T3、T4 和 T5 三次测试,2020 年春季学期由实验研究团队命题和组织完成 T6 和 T7 两次测试。每次测试从命题、印制、监考到评阅,做到统一标准,最大程度上保障测试信度。

实验研究团队下校或者在线(2020 年春季学期因新冠肺炎疫情在线教学期间)进行教学观摩和指导,就融思促学活动植入和思维技能训练实操进行指导,同时观察学生在实验干预中的思维表现。

(二)师生访谈调研

实验班任课教师 S 老师不定期进行教学反思,以语音或者文字形式提交给实验研究团队,实验研究团队随后对 S 老师进行面对面或者电话访谈。

实验团队对 18 名学生进行持续跟踪,2019 年秋季学期期中开展到校面对面分组访谈,了解学生对新实验研究任课教师的态度、词汇学习思维技能和阅读学习思维技能进展等。原计划于 2020 年春季学期期中进行的访谈因为疫情防控改为问卷调查形式完成。

为了进一步了解实验研究干预情况,2020 年春季学期疫情在线教学期间,实验班任课教师 S 老师结合学校整体防疫抗疫活动安排,组织实验班的学生完成关于疫情防控的图示作业作品、在线演讲活动等。

第四节 研究结果

对实验研究正式实验期间的测试总分、词汇技能得分、阅读技能得分以及师生访谈记录、调查问卷结果、课堂观察记录等进行量化数据统计和质性数据分析。将测试分数以 T1 和 T7 作为整个实验研究的前测和后测进行对比，包括实验班与对照班组间、实验班组内测试总分、词汇技能得分、阅读技能得分等；追踪学生代表测试分数以 T1 到 T7 共计 7 次测试总分进行过程性变化对比；对回收的有效问卷 74 份（总有效回收率 33%）按照调查问卷设计维度进行统计分析；再辅以课堂教学观摩、师生访谈记录和师生文本分析等质性数据，对量化数据分析结果进行补充，具体如下：

一 测试成绩分析结果

（一）测试成绩总分分析

1. 实验班实验前后总分分析

研究团队将实验班 T1 与 T7 测试成绩总分采用 SPSS 25.0 进行独立样本 T 检验和均值统计，如表 3.20、表 3.21 所示，发现：实验班 T7 总分与 T1 的总分具有显著性差异（P<0.05），实验班 T7 的总分均值明显高于 T1 总分。

表 3.20 实验班 T1 和 T7 总分独立样本 T 检验

	F	Sig.	t	df	Sig.（双侧）	均值差值	标准误差值	差分的95%置信区间 下限	上限
假设方差相等	3.44	0.07	-4.23	228.00	0.00	-10.76	2.54	-15.77	-5.75
假设方差不相等			-4.25	227.56	0.00	-10.76	2.53	-15.75	-5.77

表 3.21 实验班 T1 和 T7 总分均值统计

测试册数	N	均值	标准差值	均值的标准误差值
T1	116	58.45	20.29	1.86
T7	110	69.21	18.10	1.72

研究团队随后将实验班 D、E、F 班的 T1 和 T7 两次测试总分采用 SPSS 25.0 进行独立样本 T 检验和均值统计，如表 3.22、表 3.23、表 3.24 所示，发现：实验班 D 班两次测试总分对比不具有显著性差异（P=0.65>0.05），但 E 班和 F 班的两次总分均具有显著性变化（P<0.05），且两个班 T7 的总分均值都高于 T1 的总分均值。

表 3.22 D 班 T1 和 T7 总分独立样本 T 检验

	F	Sig.	t	df	Sig.（双侧）	均值差值	标准误差值	差分的95%置信区间 下限	上限
假设方差相等	1.92	0.17	-1.87	83.00	0.07	-7.82	4.18	-16.14	0.49
假设方差不相等			-1.87	80.48	0.07	-7.82	4.19	-16.16	0.51

表 3.23 E 班和 F 班 T1 和 T7 总分独立样本 T 检验

		F	Sig.	t	df	Sig.（双侧）	均值差值	标准误差值	差分的95%置信区间	
									下限	上限
E 班	假设方差相等	4.00	0.05	-2.22	63.00	0.03	-10.64	4.80	-20.22	-1.05
	假设方差不相等			-2.31	61.68	0.02	-10.64	4.61	-19.86	-1.42
F 班	假设方差相等	0.28	0.60	-3.57	78.00	0.00	-12.28	3.44	-19.13	-5.42
	假设方差不相等			-3.55	73.84	0.00	-12.28	3.46	-19.17	-5.38

表 3.24 E 班和 F 班 T1 和 T7 总分均值统计

班级总分	测试次数	N	均值	标准差值	均值的标准误差值
E 班	T1	35	47.36	21.94	3.66
	T7	29	58.00	15.15	2.81
F 班	T1	40	63.93	13.91	2.17
	T7	38	76.21	16.82	2.69

2. 对照班实验前后总分分析

研究团队将对照班 T1 和 T7 两次测试成绩总分采用 SPSS 25.0 进行独立样本 T 检验分析，如表 3.25 所示，发现：对照班成绩在两次测试中不具有显著性差异（P＝0.68＞0.05）。

表 3.25 对照班 T1 和 T7 总分独立样本 T 检验

	F	Sig.	t	df	Sig.（双侧）	均值差值	标准误差值	差分的95%置信区间	
								下限	上限
假设方差相等	6.44	0.01	0.42	239.00	0.68	1.15	2.77	-4.30	6.61
假设方差不相等			0.42	228.35	0.68	1.15	2.78	-4.32	6.63

3. 实验班与对照班 T7 总分分析

研究团队将实验班和对照班 T7 测试成绩总分采用 SPSS 25.0 进行独立样本 T 检验和均值统计，如表 3.26、表 3.27 所示，发现：实验班 T7 总分相较于对照班不具有显著性差异（P<0.05），实验班 T7 总分均值明显高于对照班总分均值。

表 3.26 实验班和对照班 T7 总分独立样本 T 检验

	F	Sig.	t	df	Sig.（双侧）	均值差值	标准误差值	差分的95%置信区间	
								下限	上限
假设方差相等	12.96	0.00	-4.28	227.00	0.00	-11.87	2.77	-17.33	-6.41
假设方差不相等			-4.32	219.13	0.00	-11.87	2.75	-17.29	-6.45

表 3.27　实验班和对照班 T7 总分均值统计

班级	N	均值	标准差值	均值的标准误差值
对照班	118	57.33	23.34	2.15
实验班	110	69.21	18.10	1.72

（二）词汇学习得分分析

1. 词汇学习总分整体分析

研究团队将实验班 T1 和 T7 词汇学习总分采用 SPSS 25.0 进行独立样本 T 检验,如表 3.28 所示,发现:词汇学习总分两次测试之间不具有显著性差异($P=0.08>0.05$)。

表 3.28　实验班 T1 和 T7 词汇学习总分独立样本 T 检验

	F	Sig.	t	df	Sig.（双侧）	均值差值	标准误差值	差分的95%置信区间	
								下限	上限
假设方差相等	0.60	0.44	−1.73	225.00	0.08	−2.32	1.34	−4.96	0.32
假设方差不相等			−1.74	224.98	0.08	−2.32	1.34	−4.96	0.31

研究团队再将实验班与对照班 T7 词汇学习总分进行独立样本 T 检验和均值统计,如表 3.29、表 3.30 所示,发现:对照班与实验班之间在 T7 词汇学习总分上具有显著性差异($P<0.05$),实验班的词汇学习总分均值明显高于对照班。

表 3.29　实验班与对照班 T7 词汇学习总分独立样本 T 检验

	F	Sig.	t	df	Sig.（双侧）	均值差值	标准误差值	差分的95%置信区间	
								下限	上限
假设方差相等	54.07	0.00	26.22	227.00	0.00	26.47	1.01	24.48	28.46
假设方差不相等			25.72	157.02	0.00	26.47	1.03	24.44	28.50

表 3.30　实验班与对照班 T7 词汇学习总分均值统计

班级	N	均值	标准差值	均值的标准误差值
实验班	110	33.08	9.81	0.93
对照班	118	6.61	4.77	0.44

2. 实验班词汇学习总分分析

研究团队将三个实验班的 T1 和 T7 两次词汇学习总分分别采用 SPSS 25.0 进行独立样本 T 检验,如表 3.31、表 3.32 所示,发现:实验班 D、E 两个班两次得分均不具有显著性差异($P>0.05$),但实验班 F 班两次的词汇学习总分具有显著性差异($P<0.05$);再对 F 班 T1 和 T7 两次词汇学习总分独立样本 T 检验,如表 3.33 所示,发现:F 班 T7 测试均分明显高于 T1

测试成绩。

表3.31 D、E班T1和T7词汇学习总分独立样本T检验

		F	Sig.	t	df	Sig.（双侧）	均值差值	标准误差值	差分的95%置信区间	
									下限	上限
D班	假设方差相等	0.10	0.75	1.61	82.00	0.11	3.34	2.08	−0.80	7.48
	假设方差不相等			1.60	81.56	0.11	3.34	2.08	−0.80	7.48
E班	假设方差相等	1.55	0.22	−2.00	62.00	0.05	−4.92	2.46	−9.84	0.00
	假设方差不相等			−2.05	61.75	0.05	−4.92	2.40	−9.72	−0.12

表3.32 F班T1和T7词汇学习总分独立样本T检验

	F	Sig.	t	df	Sig.（双侧）	均值差值	标准误差值	差分的95%置信区间	
								下限	上限
假设方差相等	0.05	0.83	−3.09	77.00	0.00	−5.59	1.81	−9.18	−1.99
假设方差不相等			−3.09	76.90	0.00	−5.59	1.81	−9.18	−1.99

表3.33 F班T1和T7词汇学习总分均值统计

测试次数	N	均值	标准差值	均值的标准误差值
T1	40	33.83	7.99	1.26
T7	38	39.41	8.07	1.29

3. 实验班词汇思维技能单项得分分析

研究团队将词汇测试部分按照对不同思维技能的考察,将3个实验班的T1和T7中的单项词汇思维技能得分进行统计后采用SPSS 25.0进行独立样本T检验和均值统计,如表3.34至表3.39所示,发现:

D班T7的词汇思维技能一与T1具有显著性差异($P<0.05$),T1的词汇思维技能一均值明显高于T7,而词汇思维技能二和词汇思维技能三的两项技能得分均不具有显著性差异($P>0.05$)。

E班两次测试中的词汇思维技能一和词汇思维技能二均具有显著性差异($P<0.05$),其中词汇思维技能一T1的均值略小于T7,词汇思维技能二T7的均值明显大于T1,而词汇思维技能三则不具有显著性差异($P=0.06>0.05$)。

F班两次测试词汇思维技能一、词汇思维技能二和词汇思维技能三都具有显著性差异($P<0.05$),词汇思维技能一T7的均值略低于T1,但词汇思维技能二和词汇思维技能三的两次测试均值则有明显上升。

表3.34　实验班 D 班 T1 和 T7 词汇思维技能得分独立样本 T 检验

		F	Sig.	t	df	Sig.（双侧）	均值差值	标准误差值	差分的95%置信区间	
									下限	上限
技能一	假设方差相等	22.14	0.00	9.03	82.00	0.00	2.52	0.28	1.96	3.07
	假设方差不相等			9.19	55.47	0.00	2.52	0.27	1.97	3.07
技能二	假设方差相等	0.87	0.35	-0.56	82.00	0.58	-0.60	1.08	-2.75	1.55
	假设方差不相等			-0.56	79.73	0.58	-0.60	1.08	-2.76	1.55
技能三	假设方差相等	1.16	0.28	1.46	82.00	0.15	1.42	0.97	-0.51	3.36
	假设方差不相等			1.46	79.83	0.15	1.42	0.98	-0.52	3.36

表3.35　实验班 D 班 T1 和 T7 词汇思维技能得分均值统计

	测试次数	N	均值	标准差值	均值的标准误差值
技能一	T1	41	11.63	0.66	0.10
	T7	43	9.12	1.66	0.25

表3.36　E 班 T1 和 T7 词汇思维技能得分独立样本 T 检验

		F	Sig.	t	df	Sig.（双侧）	均值差值	标准误差值	差分的95%置信区间	
									下限	上限
技能一	假设方差相等	7.13	0.01	2.25	82.00	0.03	1.04	0.47	0.12	1.97
	假设方差不相等			2.09	52.65	0.04	1.04	0.50	0.04	2.05
技能二	假设方差相等	4.74	0.03	-3.04	82.00	0.00	-2.90	0.95	-4.80	-1.00
	假设方差不相等			-2.86	56.02	0.01	-2.90	1.01	-4.94	-0.87
技能三	假设方差相等	0.58	0.45	-1.94	82.00	0.06	-2.06	1.07	-4.18	0.06
	假设方差不相等			-1.93	72.50	0.06	-2.06	1.07	-4.19	0.07

表3.37　E 班 T1 和 T7 词汇思维技能得分均值统计

	测试次数	N	均值	标准差值	均值的标准误差值
技能一	T1	35	9.94	2.62	0.44
	T7	29	8.90	1.64	0.23
技能二	T1	35	8.20	5.20	0.88
	T7	29	11.10	3.55	0.51

表 3.38 F 班 T1 和 T7 词汇思维技能得分独立样本 T 检验

		F	Sig.	t	df	Sig.（双侧）	均值差值	标准误差值	差分的 95% 置信区间	
									下限	上限
技能一	假设方差相等	0.34	0.56	9.62	82.00	0.00	1.50	0.16	1.19	1.80
	假设方差不相等			9.56	78.15	0.00	1.50	0.16	1.18	1.81
技能二	假设方差相等	0.66	0.42	-4.22	82.00	0.00	-4.04	0.96	-5.94	-2.13
	假设方差不相等			-4.25	81.86	0.00	-4.04	0.95	-5.93	-2.15
技能三	假设方差相等	0.66	0.42	-2.43	82.00	0.02	-2.32	0.95	-4.22	-0.42
	假设方差不相等			-2.42	80.14	0.02	-2.32	0.96	-4.22	-0.41

表 3.39 F 班 T1 和 T7 词汇思维技能得分均值统计

	测试次数	N	均值	标准差值	均值的标准误差值
技能一	T1	40	11.70	0.76	0.12
	T7	38	10.20	0.67	0.10
技能二	T1	40	12.35	4.05	0.64
	T7	38	16.39	4.66	0.70
技能三	T1	40	9.78	4.50	0.71
	T7	38	12.09	4.25	0.64

（三）阅读学习得分分析

1. 阅读学习总分整体分析

研究团队对实验班的 T1 和 T7 阅读学习总分采用 SPSS 25.0 进行独立样本 T 检验和均值统计，如表 3.40、表 3.41 所示，发现：实验班阅读学习总分两次测试成绩之间具有显著性差异（P<0.05），T7 阅读学习总分均值明显高于 T1 阅读学习总分均值。

表 3.40 实验班 T1 和 T7 阅读总分独立样本 T 检验

	F	Sig.	t	df	Sig.（双侧）	均值差值	标准误差值	差分的 95% 置信区间	
								下限	上限
假设方差相等	0.80	0.37	-5.83	225.00	0.00	-8.78	1.51	-11.75	-5.81
假设方差不相等			-5.84	224.06	0.00	-8.78	1.50	-11.74	-5.82

表 3.41 实验班 T1 和 T7 阅读总分的组统计量

测试次数	N	均值	标准差值	均值的标准误差值
T1	116	27.34	11.94	1.11
T7	110	36.13	10.70	1.02

研究团队然后将实验班与对照班两次阅读学习总分采用 SPSS 25.0 独立样本 T 检验和均值统计,如表 3.42、表 3.43 所示,发现:实验班与对照班两次测试的阅读学习总分具有显著性差异(P<0.05),实验班的阅读学习总分均值明显高于对照班阅读学习总分均值。

表 3.42 对照班与实验班 T7 阅读学习总分独立样本 T 检验

	F	Sig.	t	df	Sig.（双侧）	均值差值	标准误差值	差分的95%置信区间 下限	上限
假设方差相等	16.82	0.00	3.91	227.00	0.00	6.80	1.74	3.38	10.23
假设方差不相等			3.95	211.26	0.00	6.80	1.72	3.41	10.20

表 3.43 实验班与对照班 T7 阅读学习总分均值统计

班级	N	均值	标准差值	均值的标准误差值
实验班	110	36.13	10.70	1.02
对照班	118	29.32	15.10	1.39

2. 实验班阅读学习总分分析

研究团队将三个实验班的 T1 和 T7 阅读学习总分采用 SPSS 25.0 进行独立样本 T 检验和均值统计,如表 3.44、表 3.45 所示,发现:三个实验班两次阅读学习总分均具有显著性差异(P<0.05),与此同时,三个实验班的 T7 阅读学习总分均值都明显高于他们的 T1 阅读学习总分均值。

表 3.44 实验班 T1 和 T7 阅读学习总分独立样本 T 检验

		F	Sig.	t	df	Sig.（双侧）	均值差值	标准误差值	差分的95%置信区间 下限	上限
D 班	假设方差相等	3.21	0.08	−4.31	82.00	0.00	−11.15	2.58	−16.29	−6.01
	假设方差不相等			−4.28	73.22	0.00	−11.15	2.60	−16.34	−5.96
E 班	假设方差相等	4.49	0.04	−2.40	62.00	0.02	−6.51	2.71	−11.92	−1.09
	假设方差不相等			−2.49	59.59	0.02	−6.51	2.61	−11.73	−1.28
F 班	假设方差相等	1.09	0.30	−3.38	77.00	0.00	−7.04	2.09	−11.20	−2.89
	假设方差不相等			−3.37	71.34	0.00	−7.04	2.09	−11.22	−2.87

表 3.45 实验班 T1 和 T7 阅读学习总分均值统计

	测试次数	N	均值	标准差值	均值的标准误差值
D 班	T1	41	29.32	13.55	2.12
	T7	43	40.47	9.94	1.52

续表

	测试次数	N	均值	标准差值	均值的标准误差值
E 班	T1	35	22.29	12.45	2.10
	T7	29	28.79	8.34	1.55
F 班	T1	40	29.75	8.00	1.27
	T7	38	36.79	10.41	1.67

3. 实验班阅读任务单项得分分析

研究团队对三个实验班的 T1 和 T7 阅读思维技能得分采用 SPSS 25.0 进行独立样本 T 检验和均值统计,如表 3.46 至表 3.51 所示,发现:

D 班的 T7 阅读任务一、二、三与 T1 相比均具有显著性差异(P<0.05),T7 阅读任务一、二的得分均值较 T1 有小幅度提升,而阅读任务三的得分均值较 T1 有大幅度提升。

E 班的 T7 阅读任务一和二得分与 T1 相比均具有显著性差异(P<0.05),T1 与 T7 的阅读任务三不具有显著性差异(P>0.05);从得分均值来看,E 班 T7 阅读任务一和二均值较 T1 有较大提升,阅读任务三均值较 T1 有提升,但较小。

F 班的 T7 阅读任务二得分与 T1 相比具有显著性差异(P<0.05),从得分均值来看,T7 阅读任务二均值较 T1 有较大提升,而阅读任务一、三不具有显著性差异(P>0.05)。

表 3.46 D 班 T1 和 T7 阅读思维技能得分独立样本 T 检验

		F	Sig.	t	df	Sig.(双侧)	均值差值	标准误差值	差分的95%置信区间 下限	差分的95%置信区间 上限
任务一	假设方差相等	8.13	0.01	-2.08	82.00	0.04	-1.78	0.85	-3.47	-0.08
	假设方差不相等			-2.06	66.67	0.04	-1.78	0.86	-3.50	-0.05
任务二	假设方差相等	0.00	0.97	-2.03	82.00	0.05	-1.95	0.96	-3.86	-0.04
	假设方差不相等			-2.03	80.11	0.05	-1.95	0.96	-3.86	-0.04
任务三	假设方差相等	0.57	0.45	-4.93	82.00	0.00	-7.42	1.51	-10.42	-4.42
	假设方差不相等			-4.91	80.29	0.00	-7.42	1.51	-10.43	-4.42

表 3.47 D 班 T1 和 T7 阅读思维技能得分均值统计

	测试次数	N	均值	标准差值	均值的标准误差值
任务一	T1	41	11.83	4.71	0.74
	T7	43	13.60	2.95	0.45
任务二	T1	41	9.56	4.63	0.72
	T7	43	11.51	4.16	0.63

续表

	测试次数	N	均值	标准差值	均值的标准误差值
任务三	T1	41	7.93	7.24	1.13
	T7	43	15.35	6.56	1.00

表 3.48　E 班 T1 和 T7 阅读思维技能得分独立样本 T 检验

		F	Sig.	t	df	Sig.（双侧）	均值差值	标准误差值	差分的95%置信区间	
									下限	上限
任务一	假设方差相等	4.35	0.04	−4.82	81.00	0.00	−4.23	0.88	−5.98	−2.48
	假设方差不相等			−4.63	61.80	0.00	−4.23	0.91	−6.06	−2.40
任务二	假设方差相等	0.04	0.84	−4.48	81.00	0.00	−3.90	0.87	−5.63	−2.17
	假设方差不相等			−4.45	71.59	0.00	−3.90	0.88	−5.65	−2.15
任务三	假设方差相等	1.72	0.19	−1.66	81.00	0.10	−2.75	1.66	−6.05	0.55
	假设方差不相等			−1.69	78.42	0.10	−2.75	1.62	−5.98	0.48

表 3.49　E 班 T1 和 T7 阅读思维技能得分均值统计

	测试次数	N	均值	标准差值	均值的标准误差值
任务一	T1	35	9.00	4.50	0.76
	T7	29	13.23	3.50	0.50
任务二	T1	35	8.29	4.01	0.68
	T7	29	12.19	3.85	0.56
任务三	T1	35	5.00	6.86	1.16
	T7	29	7.75	7.89	1.14

表 3.50　F 班 T1 和 T7 阅读思维技能得分独立样本 T 检验

		F	Sig.	t	df	Sig.（双侧）	均值差值	标准误差值	差分的95%置信区间	
									下限	上限
任务一	假设方差相等	2.63	0.11	−1.19	77.00	0.24	−0.85	0.71	−2.26	0.56
	假设方差不相等			−1.20	76.98	0.24	−0.85	0.71	−2.26	0.56
任务二	假设方差相等	0.30	0.59	−4.73	77.00	0.00	−3.57	0.76	−5.07	−2.07
	假设方差不相等			−4.73	76.79	0.00	−3.57	0.76	−5.07	−2.07
任务三	假设方差相等	3.74	0.06	−1.77	77.00	0.08	−2.63	1.49	−5.59	0.33
	假设方差不相等			−1.76	72.96	0.08	−2.63	1.49	−5.60	0.35

表3.51 F班T1和T7阅读思维技能得分均值统计

	测试次数	N	均值	标准差值	均值的标准误差值
任务一	T1	40	13.00	3.16	0.50
	T7	38	13.85	3.13	0.50
任务二	T1	40	9.25	3.31	0.52
	T7	38	12.82	3.40	0.54
任务三	T1	40	7.50	5.88	0.93
	T7	38	10.13	7.28	1.17

（四）重点追踪学生分数变化

研究团队对实验研究确定的18名重点追踪学生T1-T7共计七次测试成绩进行过程性监控,发现除E班D-3和G-3两名学生中途因故缺考缺分以外,其他16名重点追踪学生所有成绩完善。研究团队对这18名重点追踪学生和他们的成绩按照追踪遴选标准分组采用Excel进行分析,发现:如图3.1至图3.3所示,遴选时不及格段学生整体成绩基本持续上升,T7成绩明显高于T1,如图3.4至图3.6所示,遴选时及格段学生整体成绩波动较小,T1和T7差异不大。

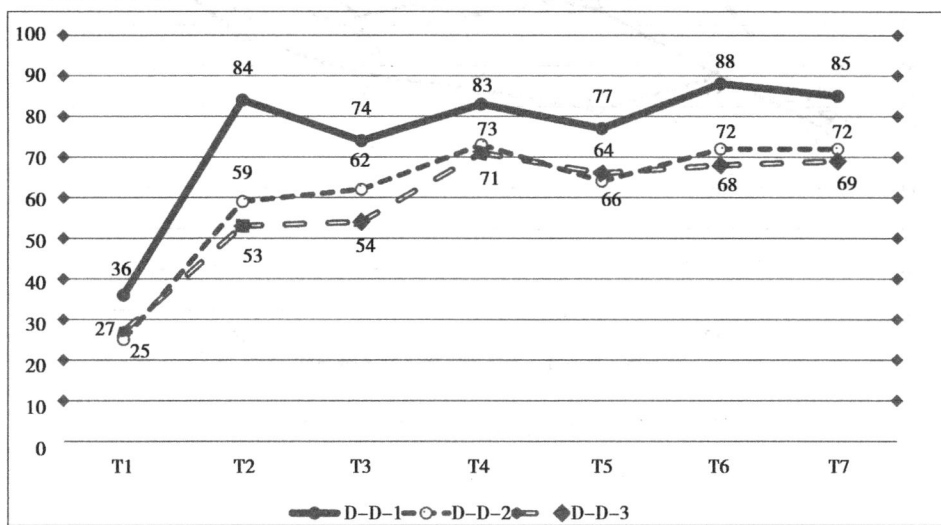

图3.1 D班不及格段追踪对象7次测试成绩变化

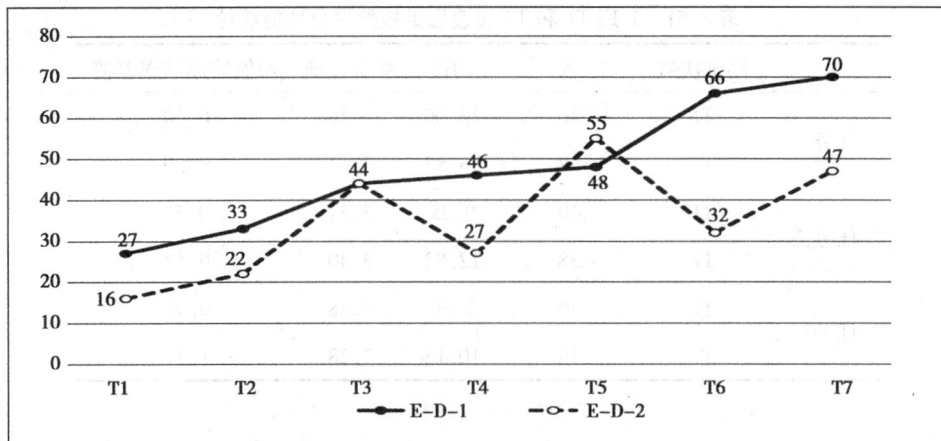

图 3.2　E 班不及格段追踪对象 7 次测试成绩变化

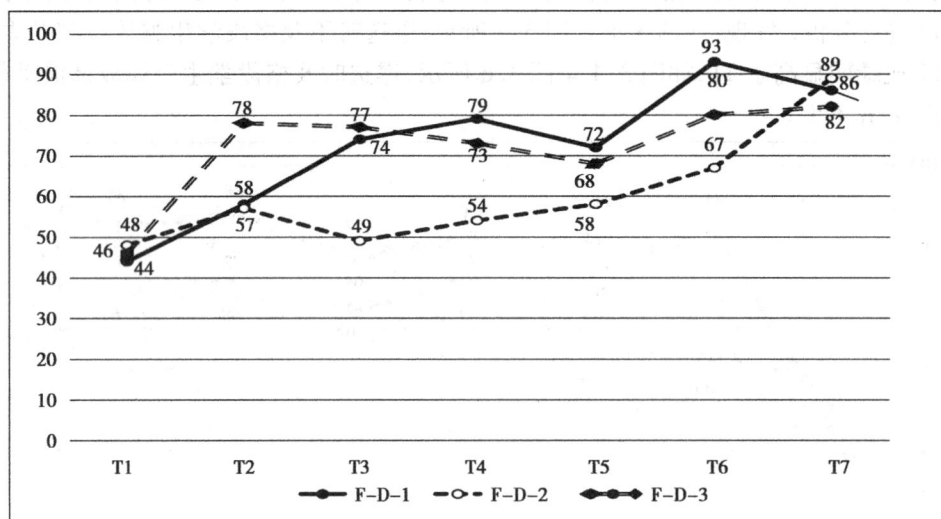

图 3.3　F 班不及格段追踪对象 7 次测试成绩变化

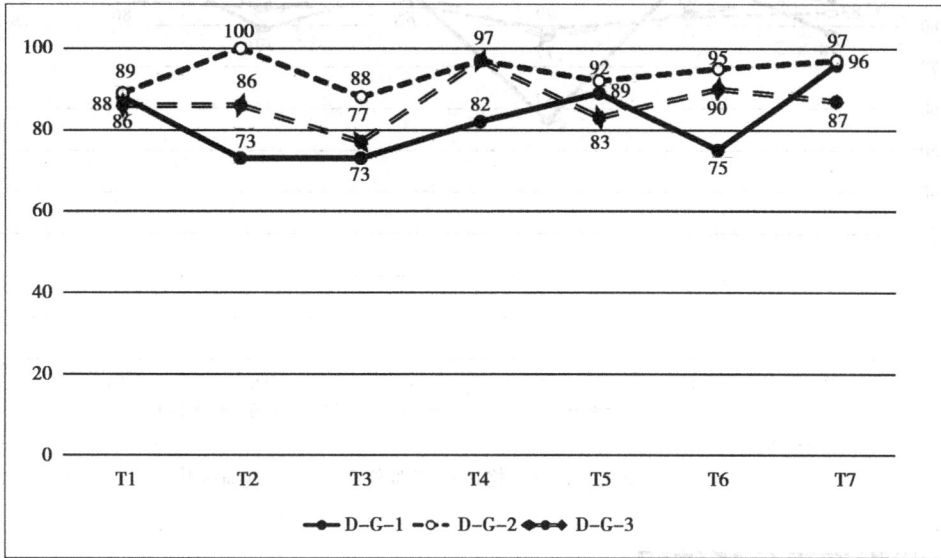

图3.4 D班及格段追踪对象7次测试成绩变化

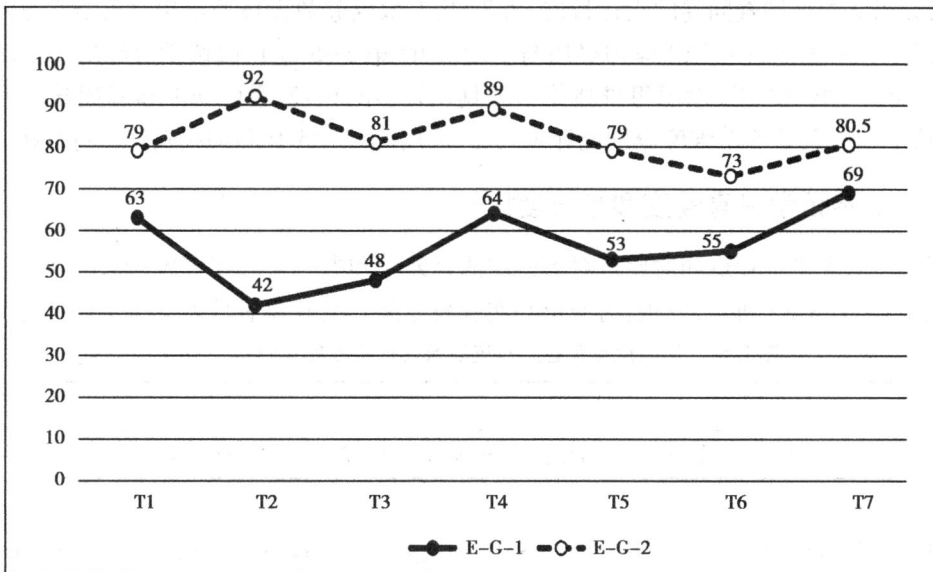

图3.5 E班及格段追踪对象7次测试成绩变化

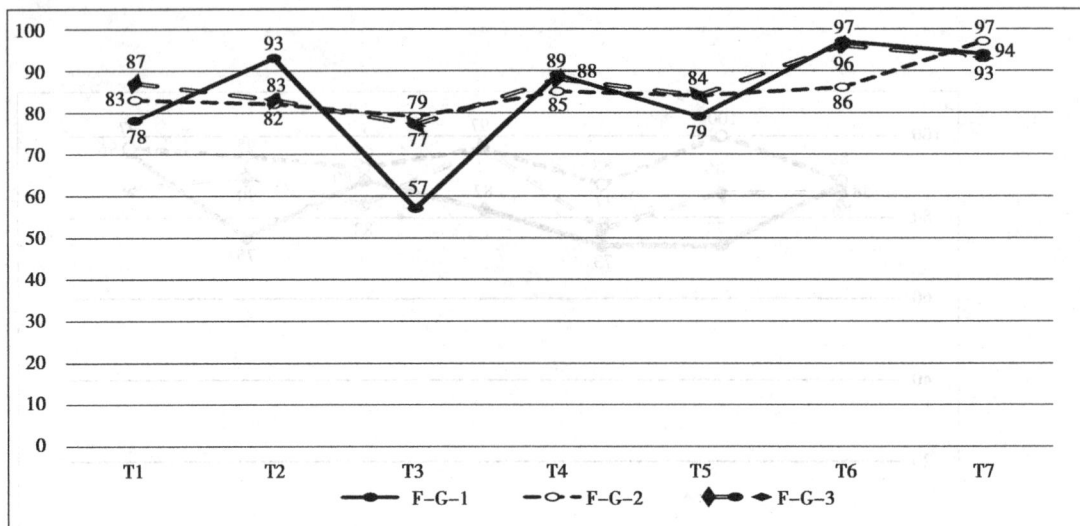

图 3.6　F 班及格段追踪对象 7 次测试成绩变化

二　问卷调查分析结果

研究团队根据调查问卷的设计目的,将 74 份有效问卷数据按照学生对英语学习的喜爱度和参与度(第 3-4 题)、词汇学习经历与活动认可(第 5-6 题)、阅读学习经历与活动认可(第 7-8 题)、词汇和阅读学习思维技能和工具认知(第 9-12 题)、词汇和阅读学习困难与挑战(第 13 题)共计 5 个维度分别统计录入后,采用 SPSS 25.0 和词频软件进行分析。

(一) 英语学习喜爱度和参与度比较

研究团队先将实验班和对照班对英语课的喜爱度和参与度采用 SPSS 25.0 进行独立样本 T 检验,如表 3.52 所示,发现:对照班与实验班之间不具有显著性差异(P>0.05)。

表 3.52　对照班与实验班对英语课喜爱程度独立样本 T 检验

		t	df	Sig.(双侧)
英语课喜爱度、参与度	假设方差相等	0.22	69.00	0.82

研究团队然后对三个实验班采用 SPSS 25.0 进行单因素方差分析,如表 3.53 所示,发现:三个实验班之间不具有显著性差异(P>0.05)。

表 3.53　实验班英语学习喜爱度参与度内部单因素方差分析

		平方和	df	均方	F	显著性
英语课喜爱度、参与度	组间	104.17	2.00	52.09	2.15	0.14
	组内	509.92	21.00	24.28		
	总数	614.09	23.00			

（二）词汇学习经历和活动认可比较

1. 词汇活动喜爱度比较

研究团队将实验班和对照班第5题第1项关于词汇学习活动喜爱度的数据采用 SPSS 25.0 进行组间独立样本 T 检验,如表 3.54 所示,发现:对照班与实验班对词汇活动的喜爱度不具有显著性差异(P=0.44>0.05)。

表 3.54　对照班与实验班词汇活动喜爱度独立样本 T 检验

		t	df	Sig.（双侧）
词汇活动喜爱度	假设方差相等	0.77	69.00	0.44

研究团队再对三个实验班采集到的数据采用 SPSS 25.0 进行组内单因素方差分析,如表 3.55 所示,发现:三个实验班在词汇活动喜爱度方面也不具有显著性差异(P=0.08>0.05)。

表 3.55　实验班内部单因素方差分析结果

		平方和	df	均方	F	显著性
词汇活动喜爱度	组间	347.15	2.00	173.58	2.84	0.08
	组内	1 285.36	21.00	61.21		
	总数	1 632.51	23.00			

2. 词汇活动体验度比较

研究团队将对照班与实验班第5题第2项关于活动参与度的数据导入 Excel 表,对每个词汇活动的体验率进行比较,如表 3.56 所示,发现:对照班"用图片和声音等回想词汇"和"字母迷宫中辨别单词"体验率略高于实验班;对照班与实验班对其余词汇活动的体验率相同。

表 3.56　对照班和实验班不同词汇学习活动体验率

词汇学习活动	对照班体验率	实验班体验率
用图片或实物辅助学习词汇（词汇与图像结合）	100%	100%
用歌曲或音频辅助学习词汇（词汇与声音结合）	100%	100%
带读、跟读	100%	100%
根据图片、声音等提示回想词汇	100%	96%
根据图片、声音等线索匹配词汇	100%	100%
对词汇进行整理（分类或排序）	100%	100%
用视频辅助学习词汇（词汇与声音、图像结合）	100%	100%
用思维导图和其他图示学习词汇	100%	100%
在字母迷宫中辨别出单词	100%	96%

续表

词汇学习活动	对照班体验率	实验班体验率
反复抄写	100%	100%
反复拼读	100%	100%

研究团队再将三个实验班内部对不同词汇活动的体验率进行比较,如表 3.57 所示,发现:在活动"根据图片和声音等回想词汇活动"和"在字母迷宫辨别单词"上,E 班反馈的体验率明显低于其他两个实验班。其他词汇活动三个实验班体验率相同。

表 3.57　实验班内部不同词汇学习活动体验率比较

词汇学习活动	D 班体验率	E 班体验率	F 班体验率
用图片或实物辅助学习词汇(词汇与图像结合)	100%	100%	100%
用歌曲或音频辅助学习词汇(词汇与声音结合)	100%	100%	100%
带读、跟读	100%	100%	100%
根据图片、声音等提示回想词汇	100%	86%	100%
根据图片、声音等线索匹配词汇	100%	100%	100%
对词汇进行整理(分类或排序)	100%	100%	100%
用视频辅助学习词汇(词汇与声音、图像结合)	100%	100%	100%
用思维导图和其他图示学习词汇	100%	100%	100%
在字母迷宫中辨别出单词	100%	86%	100%
反复抄写	100%	100%	100%
反复拼读	100%	100%	100%

3. 帮助最大的词汇活动排序

研究团队将实验班和对照班第 6 题关于词汇活动帮助最大的所有结果导入 Excel 表进行处理,如表 3.58 所示,发现:他们一致认为帮助最大的前五项词汇学习活动依次是:1)用图片或实物辅助学习词汇(词汇与图像结合);2)用歌曲或音频辅助学习词汇(词汇与声音结合);3)带读、跟读;4)根据图片、声音等提示回想词汇;5)根据图片、声音等线索匹配词汇。

表 3.58　帮助最大的词汇学习活动排序

词汇学习活动	第一	第二	第三	第四	第五	未选
用图片或实物辅助学习词汇(词汇与图像结合)	21	8	7	5	9	21
用歌曲或音频辅助学习词汇(词汇与声音结合)	5	14	10	8	5	28
带读、跟读	6	11	11	2	9	30
根据图片、声音等提示回想词汇	4	3	6	13	2	43
根据图片、声音等线索匹配词汇	2	5	5	3	10	46

词汇学习活动	第一	第二	第三	第四	第五	未选
对词汇进行整理(分类或排序)	/	2	7	7	2	53
用视频辅助学习词汇(词汇与声音、图像结合)	7	3	6	7	7	41
用思维导图和其他图示学习词汇	4	5	5	9	9	39
在字母迷宫中辨别出单词	2	3	4	7	6	49
反复抄写	14	6	5	3	7	36
反复拼读	3	11	5	6	2	44
其他1	/	2	/	1	1	67
其他2	2	/	/	/	1	68

　　研究团队再分别对实验班和对照班该项进行统计和比较,如表3.59、表3.60所示,发现:实验班反馈帮助最大的前5的词汇学习活动是:1)用图片或实物辅助学习词汇(词汇与图像结合);2)带读、跟读;3)用歌曲或音频辅助学习词汇(词汇与声音结合);4)根据图片、声音等提示回想词汇;5)根据图片、声音等线索匹配词汇;而对照班反馈帮助最大的前5的词汇学习活动为:1)反复抄写;2)反复拼读;3)根据图片、声音等提示回想词汇;4)用图片或实物辅助学习词汇(词汇与图像结合)、用歌曲或音频辅助学习词汇(词汇与声音结合)和在字母迷宫中辨别出单词;5)带读、跟读。

表3.59　实验班帮助最大的词汇学习活动排序

第一	第二	第三	第四	第五
用图片或实物辅助学习词汇(词汇与图像结合)	带读、跟读	用歌曲或音频辅助学习词汇(词汇与声音结合)	根据图片、声音等提示回想词汇	根据图片、声音等线索匹配词汇

表3.60　对照班帮助最大的词汇学习活动排序

第一	第二	第三	第四	第五
反复抄写	反复拼读	根据图片、声音等提示回想词汇	用图片或实物辅助学习词汇(词汇与图像结合)、用歌曲或音频辅助学习词汇(词汇与声音结合)和在字母迷宫中辨别出单词	带读、跟读

(三)阅读学习经历和活动认可度比较

1. 阅读活动喜爱度比较

　　研究团队将对照班和实验班第7题第1项关于阅读学习活动喜爱度的数据采用SPSS 25.0进行组间独立样本T检验,如表3.61所示,发现:对照班与实验班之间不具有显著性差异(P>0.05)。

表 3.61　对照班与实验班阅读活动喜爱度独立样本 T 检验

		t	df	Sig.（双侧）
阅读活动喜爱度	假设方差相等	−0.34	69	0.74

研究团队对三个实验班采用 SPSS 25.0 进行组内单因素方差分析,如表 3.62 所示,发现:实验班之间在阅读活动喜爱度上具有显著性差异(P=0.03<0.05);随后对三个班进行 LSD 多重比较,如表 3.63 所示,发现:D 班与 E 班对阅读学习活动的喜爱度具有显著性差异(P=0.01<0.05)。

表 3.62　实验班对阅读学习活动的喜爱度内部单因素方差分析结果

		平方和	df	均方	F	显著性
	组间	2 014.16	2	1 007.08	4.29	0.03
阅读学习活动的喜爱度	组内	4 926.15	21	234.58		
	总数	6 940.31	23			

表 3.63　实验班内部对阅读学习活动的 LSD 多重比较分析结果

(I) 班级	(J) 班级	均值差值 (I-J)	标准误差值	显著性	95% 置信区间 下限	上限
D 班	E 班	21.97	7.55	0.01	6.27	37.67
	F 班	6.73	7.55	0.38	−8.97	22.42
E 班	D 班	−21.97	7.55	0.01	−37.67	−6.27
	F 班	−15.24	8.19	0.08	−32.27	1.78
F 班	D 班	−6.73	7.55	0.38	−22.42	8.97
	E 班	15.24	8.19	0.08	−1.78	32.27

2. 阅读活动体验度

研究团队将实验班与对照班第 7 题第 2 项关于各活动的参与人数数据导入 Excel 表,对每个阅读活动的体验率进行比较,如表 3.64 所示,发现:在阅读活动中,除了对翻译原文、直接复述、使用思维图形对阅读材料进行再次理解和背诵这四类阅读活动两组体验率相同以及对照班在跟读活动的参与率略高于实验班外,实验班在其他阅读活动的体验率均略高于对照班。

表 3.64　实验班与对照班不同阅读活动体验率

活动	实验班体验率	对照班体验率
跟读	98%	100%
指读	98%	96%

续表

活动	实验班体验率	对照班体验率
默读	100%	96%
根据中文意思直接在原文中找信息	100%	96%
读后为生活中遇到的相关问题寻找解决方案	100%	96%
采用思维图形对原文进行解读	100%	96%
采用思维图形辅助复述	100%	96%
翻译原文	100%	100%
读后对相关主题的某个案例进行判断并说明理由	100%	96%
根据文章内容进一步推理、判断	100%	96%
汇报表演	100%	96%
读后谈论自己的相关生活与经历	100%	96%
读后为生活中遇到的类似问题做决定	100%	96%
直接复述	100%	100%
读后对相关主题的某件事情的过程进行描述并说明先后顺序	100%	96%
使用思维图形对阅读材料进行再次理解	100%	100%
背诵	100%	100%

研究团队再对三个实验班内部对不同阅读活动的体验率进行比较,如表 3.65 所示,发现:D 班各项阅读活动体验率均为 100%,F 班多个阅读活动参与率低于 D 班和 E 班。

表 3.65　实验班内部不同阅读活动体验率

活动	D 班参与率	E 班参与率	F 班参与率
跟读	100%	100%	100%
指读	100%	100%	86%
默读	100%	100%	86%
根据中文意思直接在原文中找信息	100%	100%	86%
读后为生活中遇到的相关问题寻找解决方案	100%	100%	86%
采用思维图形对原文进行解读	100%	100%	86%
采用思维图形辅助复述	100%	100%	86%
翻译原文	100%	100%	86%
读后对相关主题的某个案例进行判断并说明理由	100%	86%	86%
根据文章内容进一步推理、判断	100%	100%	86%

续表

活 动	D 班参与率	E 班参与率	F 班参与率
汇报表演	100%	100%	86%
读后谈论自己的相关生活与经历	100%	100%	86%
读后为生活中遇到的类似问题做决定	100%	100%	86%
直接复述	100%	100%	100%
读后对相关主题的某件事情的过程进行描述并说明先后顺序	100%	100%	86%
使用思维图形对阅读材料进行再次理解	100%	100%	100%
背诵	100%	100%	100%

3. 帮助最大的阅读活动排序

研究团队将实验班和对照班第 8 题关于阅读活动帮助最大的所有结果合并导入 Excel 表进行处理,如表 3.66 所示,发现:他们认为帮助最大的阅读活动排序依次是:1)跟读;2)指读;3)默读;4)根据中文意思直接在原文中找信息;5)读后为生活中遇到的相关问题寻找解决方案;6)采用思维图形对原文进行解读;7)采用思维图形辅助复述;8)翻译原文。

表 3.66 帮助最大阅读活动排序

阅读活动	第一	第二	第三	第四	第五	第六	第七	第八
跟读	25	5	3	3	2	0	4	0
指读	2	20	7	2	0	3	0	3
默读	14	10	19	3	3	2	0	3
根据中文意思直接在原文中找信息	2	6	4	14	2	6	5	2
读后为生活中遇到的相关问题寻找解决方案	3	5	5	1	10	5	2	5
采用思维图形对原文进行解读	1	3	6	5	4	11	2	5
采用思维图形辅助复述	1	1	3	5	6	1	10	4
翻译原文	3	2	1	10	5	3	6	9
读后对相关主题的某个案例进行判断并说明理由	2	2	2	0	2	2	3	1
根据文章内容进一步推理、判断	3	3	3	4	2	5	6	3
汇报表演	2	2	4	4	2	6	2	7
读后谈论自己的相关生活与经历	0	1	4	2	1	3	7	8
读后为生活中遇到的类似问题做决定	1	1	2	2	7	4	4	5

续表

阅读活动	第一	第二	第三	第四	第五	第六	第七	第八
直接复述	0	2	4	6	8	5	4	5
读后对相关主题的某件事情的过程进行描述并说明先后顺序	1	2	2	3	7	7	4	2
使用思维图形对阅读材料进行再次理解	1	3	1	3	6	7	4	5
背诵	7	1	2	5	4	4	8	2
其他1	0	2	0	0	0	1	0	2
其他2	3	2	0	0	0	0	0	0

研究团队再分别对实验班和对照班该项进行统计和比较,如表3.67、表3.68所示,发现:对照班的排序结果与实验班的排序一致,而实验班帮助的最大阅读活动排序结果前三项与对照班相同,第4至8名依次为:4)翻译原文;5)采用思维图形对原文进行解读;6)采用思维图形进行辅助复述;7)读后为生活中遇到的相关问题寻找解决方案;8)读后对相关主题的某件事情的过程进行描述并说明先后顺序。

表3.67 对照班帮助最大阅读活动排序

第一	第二	第三	第四	第五	第六	第七	第八
跟读	指读	默读	根据中文意思直接在原文中找信息	读后为生活中遇到的类似问题做决定	采用思维图形对原文进行解读	采用思维图形辅助复述	翻译原文

表3.68 实验班帮助最大阅读活动排序

第一	第二	第三	第四	第五	第六	第七	第八
跟读	指读	默读	翻译原文	采用思维图形对原文进行解读	采用思维图形辅助复述	读后为生活中遇到的相关问题寻找解决方案	读后对相关主题的某件事情的过程进行描述并说明先后顺序

（四）词汇和阅读思维技能及工具认知比较

实验团队将实验班和对照班关于词汇和阅读思维技能及工具认知的调研问题第9-12题的数据采用SPSS 25.0进行方差分析,如表3.69所示,发现:实验班和对照班在整体上认知不具有显著性差异（P>0.05）,但在第10题上两者之间具有显著性差异（P<0.05）。

表 3.69　词汇和阅读思维技能和工具认知方差分析

		F	Sig.	t	df	Sig.（双侧）	均值差值	标准误差值	差分的95%置信区间	
									下限	上限
Q9	假设方差相等	0.06	0.82	0.12	69.00	0.91	0.01	0.12	−0.22	0.25
	假设方差不相等			0.12	45.54	0.91	0.01	0.12	−0.23	0.26
Q10	假设方差相等	5.30	0.02	2.24	69.00	0.03	0.27	0.12	0.03	0.50
	假设方差不相等			2.15	41.87	0.04	0.27	0.12	0.02	0.51
Q11	假设方差相等	0.00	0.95	−0.03	69.00	0.98	0.00	0.08	−0.17	0.17
	假设方差不相等			−0.03	46.37	0.98	0.00	0.08	−0.17	0.17
Q12	假设方差相等	2.96	0.09	−0.88	69.00	0.38	−0.08	0.09	−0.26	0.10
	假设方差不相等			−0.82	38.93	0.42	−0.08	0.10	−0.28	0.12
Q9—12	假设方差相等	0.13	0.72	1.13	69.00	0.26	0.26	0.23	−0.20	0.71
	假设方差不相等			1.09	41.91	0.28	0.26	0.24	−0.22	0.73

（五）词汇和阅读学习问题与挑战统计

研究团队将从对照班收到的第 13 题的回复按主题提炼后导入词频软件进行分析,如表 3.70 所示,发现:对照班学生对英语词汇和阅读学习的困难和挑战较多,前五项主要来自: 1)单词记忆与拼读;2)课文背诵;3)英语语法; 4)英语句子写作;5)疲惫。

实验班对第 13 题的回复仅收到 15 条,反馈的问题和挑战非常集中,主要为两个问题: 1)单词记忆与拼读;2)英语语法。

表 3.70　对照班学习问题与挑战词频统计

关键词	词频	权重
单词记忆与拼读	8	1.52
课文背诵	2	0.76
语法	2	0.76
英语句子写作	2	0.76
疲惫	2	0.76

三　其他数据分析结果

正式实验期间,研究团队在 2019 年秋季学期中段对重点跟踪学生代表进行了一次分组访谈,主要聚焦英语学习喜爱度和参与度、思维技能认知与测试意愿等,共计录音时长 150 分钟,转写文字记录 35 000 余字。2019 年秋季学期和 2020 年春季学期,研究团队对实验班任课教师进行面对面访谈或者在线电话访谈共计五次,主要聚焦融思促学阶段实践感受、反思与改进等,录音时长 270 分钟,转写文字记录 58 000 余字。2019 年秋季学期和 2020 年春季学期线上、线下课堂观摩和课后指导理论学习、教学设计和教学改进多次。现对以上质性数据进行综合分析如下:

(一)实验教师融思促学角色意识逐渐增强

实验班任课教师 S 老师自加入实验研究以来,对承担融思促学实验教师这一角色的认识越来越清楚,整个过程中投入了大量的时间和精力,为实验研究的完成提供了有效的保障。

……目前,教学中我感觉课时比较紧张,暂时先选择性地使用你们提供的活动资源……植入的技能,这段时间我会比较关注记忆、理解和分类,主要是单词对阅读的影响比较大,他们反馈出来的也是不认识单词,尤其是水平稍微低一点的学生,所以我对单词的记忆、理解和分类训练会比较多一点,阅读呢,我在尝试着使用思维导图帮助他们理解,嗯,还有比较和分类……活动方面,比较开放的活动会更有助于他们提升思维……阅读前我会注重话题导入和解决词汇困难,阅读中则会更多地放手,阅读后会做一些开放性的活动,但是感觉思维训练的目的不是特别明确……

(2019-09-17 S 老师访谈节选)

……这段时间我做了一些调整,学生们适应力更强了,根据他们的基础,在不同的班上采取不同的做法,活动的内容更加丰富了,学生们更有兴趣……我觉得在思维技能和语言技能的训练方面,首先还是要在语言技能上面下足够的工夫……阅读部分确实是比较好训练思维的,只是要注意一个一个活动之间的技能衔接……我想到了一个改进措施,就是创设情境,然后流程上面可以简化,对读前、中和后的策略会更加清晰……给学生机会在接触话题以后,先调取自己已有的知识,然后再进行理解、应用、评价等。要注意教他们用最简单的语言表达自己的想法,不能因为语言而限制了思维……学生的思维如果打开了,他们就会有一种成就感……

(2019-09-30 S 老师访谈节选)

……我尝试了使用课外的一些资源,比如用某软件来训练学生的词汇分类技能,学生们兴趣很浓。我会先对分类的标准设定进行示范,再让学生来分类。学生们熟悉了以后,慢慢就有默契了……分类的标准他们设定得还比较多,比较灵活……学习过程中,情境设置好了,后面的思维技能训练顺序清楚了,就会更加流畅,难度也不会增加……上一次的测试没有我预期的好,失分题我会再分析一下,加强指导和训练力度。复杂思维任务的训练确实相对少了点,因为比较耗时……还有就是过程中我可以再强化一下这些思维技能动词,让学生们更了解他们……活动资源上有些活动用了,有些没有用,就是根据我的教学需要来的……

(2019-11-07 S 老师访谈节选)

……目前所有课程都是在线教学……英语教学在线上直接互动,教学压力不大,因为六年级下学期本来就只有四个单元……英语组统一针对高年级组织了制作关于疫情防控的英语小报。我有针对性地指导他们去课外阅读和搜集资料,然后绘制思维导图,提交后,在线时进行介绍。我在做评价的时候发现不管从英语语言能力,其他学科能力,还是思维发展,学生们都有很大的提高。(图形除了思维导图外,有没有其他的?)没有,这次我直接布置的就是思维导图,但是之前还使用过时间轴、表格和树形图作为工具……在线教学存在困难,所以现在教学活动都会先做示范。(教学指令中有没有明确一些思维技能词?)没有非常刻意,但是会把需要的过程技能都说清楚,特别是高阶思维技能,就是使所有过程都可视化,让他们知道该做什么……

(2020-03-31　S 老师访谈节选)

我们不难看出:从常规教学转变为融思促学教学,实验班任课教师 S 老师经历了非常艰难的不适应、调整到适应再到自主应用的过程。她的思维教学目标逐渐显性化、思维活动过程逐渐可视化、实验测试试卷的教学反拨作用发挥得越来越充分、思维活动类型逐渐丰富、对学生在融思促学过程中的情感反应也越来越重视。思维教学目标的逐渐显性化主要体现在潜意识地更多地使用"技能动词+知识"的模式来设定教学目标。思维活动过程逐渐可视化主要体现在越来越多地使用思维工具帮助学生学习、理解文本及完成作业等。实验测试试卷的教学反拨作用发挥得越来越充分则主要体现在能够围绕所测试的思维技能进行教学设计与实施,加大重点简单思维技能和复杂思维任务的训练。思维活动类型逐渐丰富主要表现在高阶思维活动的增多。对学生在融思促学过程中的情感反应逐渐重视主要表现在对学困生的情感关注和引导越来越多。

(二)实验学生融思促学态度稳定,但思维差异明显

经历了准实验阶段对实验内容、目标和方式的磨合,实验班的学生正式实验期间整体上喜欢英语课,对实验研究任课教师 S 老师认可度较高,学习态度比较稳定。但实验班之间、实验学生之间也存在着明显的差异。

整体而言,E 班学习习惯和态度相较于 D 班和 F 班松散,D 班优等学生相较于 F 班稍多。从对词汇和阅读学习思维技能的认知与运用上,则不同成绩段的学生差异明显,高分数段学生对思维技能的认知与运用相对较快,低分数段学生则需要更多的指导和训练,但低分数段学生相对学习进步更明显。

……学生成绩比较好的学生,进度上完全没有问题,但是中等偏下和较弱的学生,就表现出不太适应,他们会更习惯常规教学方法:输入-训练-输出……对思维要求稍高,他们的掌握度就非常不够了……阅读中思维策略的引导,我预想会好一点,但事实上,也是语言水平比较好的娃能够跟上,水平差点的学生好像都没有勇气去观察图片、整合信息、抓取关键词等。作业方面,开放性作业完成比较好……答题策略上,英语水平低一点的学生也会欠缺一些,不会运用已经学过的方法去完成……不过当学生把作业呈现出来的时候,还是会很惊喜,只是这样的学生比较少,都是语言水平比较好的……

(2019-09-30　S 老师访谈节选)

……这段时间从学生的反应上来看,难度和容量更适合大部分人。剩下的小部分学生,主要是低分数段的学生,他们的态度整体上比较积极,但是 E 班会明显松散一些……

(2019-11-07 S 老师访谈节选)

……在线教学中,高分数段的学生可以自主学习了,但是低分数段的学生词汇学习和阅读训练比较困难,我主要采用图片和声音类活动帮助他们。高分数段的学生直接说一下,点一下,他们就可以自己学起来,而低分数段的学生则必须要多指导和训练才行,挺花时间的,但是低分数段的学生进步明显……

(2020-03-31 S 老师访谈节选)

学生甲,英语成绩中等偏上,学习态度端正,但思维不够灵活,对常识性问题进行深入提问或者变化测试方式时,明显理解不足。通过长时间在教学中显性分类、总结、归纳、类比、分析、推理、评价等技能的学习和训练,他建立了一定的认识,教学中回答问题时思路更加清晰,能更快地理解任务意图,完成学习任务。

学生乙,英语成绩较差,思维活跃,但课堂上活动参与不是很积极,教学通过采用图片、声音、视频等与知识建立更多的联系,将知识趣味化,并示范思考的过程,他参与积极性变高了,成绩也有了明显的进步。

(2020-05-09 S 老师观察记录节选)

(三)融思促学活动资源改编与其他配套资源的应用

实验班任课教师从最开始担心课时紧张或者不太明白活动设计意图,不太愿意使用实验研究团队提供的融思促学活动资源,到逐渐适应与实验研究团队一起研讨,通过少部分借助所提供的融思促学活动资源来完成融思促学教学设计与实施,提出需要主题配套绘本阅读资源,再到自主选择融思促学活动资源,对其进行选择性使用或者改编等,完成融思促学教学设计、实施和反思,以及主动针对教学中发现的问题提出需要补充阅读技能专项训练和指导的资源等。

(教学活动手册上的活动如何?)使用得不多,担心课时不够……阅读流程,低分数段的学生不是非常熟悉,我在教学中进行了示范,但是还是不够,资源太少了,能不能请研究团队查找一下课外的绘本阅读资源,主题一致的,用于激发学生阅读兴趣和强化阅读流程训练……嗯,与教材主题一致的,贴近学生生活的,情境比较真实的。

(2019-09-17 S 老师访谈节选)

活动资源,由于时间、空间和材料等的局限性,现在很少直接使用了,我的做法是将部分精华的活动加以精简,保留最能提升思维的部分,调整难度。大部分作为练习在单元复习时使用。例如第六单元的设计中有一个"make a magic carpet"的活动……原本设计用时是 1 小时,在日常教学中课时太紧张了,所以将活动简化为小组成员写下自己一周的情绪变化,讨论后再选择三个陈述原因,并为他人的烦恼提供建议,简化后,活动时间短了,也达到了思维技能训练的目的。

(2019-12-05 S 老师教学反思节选)

在线期间英语教学课时太少了,一个星期只有一次,周五的上午,阅读训练也不便于在线进行,能不能配套各个单元提供阅读技能专项训练与指导的资源。(训练?指导?)训练就是学生可以在阅读中加大思维技能训练,指导就是可以对在线教学进行补充,给学生阅读中思维技能训练进行讲评。(可以的,完全可以。)

(2020-03-31　S 老师访谈节选)

第五节　研究讨论

基于第四节量性数据分析和质性数据分析结果,对研究问题进行逐一回答与讨论如下:

一 儿童英语测试成绩提升明显

实验前测(T1)中实验班与对照班测试成绩无显著性差异,与校内期末考试笔试成绩表现一致,但经过为期一年半的融思促学实验干预,实验班英语测试成绩提升明显,主要表现在:实验班整体后测(T7)测试成绩总分较前测测试成绩总分有显著性提升;在后测中,实验班测试成绩总分与对照班测试成绩总分具有显著性差异。而对照班的实验前、后测试成绩总分无显著性差异。

测试内容聚焦在对阅读理解有决定作用的词汇和阅读理解本身。实验班和对照班实验研究前、后测试成绩的总分对比说明:在英语阅读教学中融入思维技能训练,可以提高学生语言能力。

再从重点追踪对象的实验前测到后测共七次测试成绩的整体表现来看,不及格段学生的成绩前后变化明显,而及格段学生的成绩波动较小。由此说明:在英语阅读教学中融入思维技能训练,对语言水平低的学生成绩提升较明显。

二 儿童思维技能发展部分明显

融思促学实验研究从词汇学习思维技能和阅读学习思维技能的发展来验证儿童思维技能发展情况。

在词汇学习思维技能得分上,实验班整体词汇学习思维技能得分在前、后测中无显著性差异变化,实验班 D 班和 E 班前、后测无显著性差异变化,实验班 F 班前、后测有显著性差异变化,实验班和对照班在实验后测中有显著变化。

在阅读学习思维技能得分上,实验班整体阅读学习思维技能得分在前、后测有显著性差异变化,且 3 个班内部均变化显著,实验班和对照班后测相比有显著性差异变化。

在词汇学习思维技能单项上,实验班 D 班图、义、形匹配技能有显著下降,E 班图、义、形匹配和理解提取技能有显著变化,F 班在图、义、形匹配、理解提取和分类等多项技能均有显著变化。

在阅读学习思维技能单项上,实验班 D 班在阅读任务一、二和三中均有显著变化,E 班在阅读任务一和二中有显著变化,F 班仅在阅读任务二有显著变化。

由此可见,实验研究期内,在词汇学习中融入思维技能训练,与常规教学相比有变化,但效果不明显,且因学习者而异;在阅读学习中融入思维技能训练,与常规教学相比有显著变化,但相比较而言,阅读任务二判断推理技能的训练效果较明显,而任务三分析、评价和创造等高阶思维的训练效果则因学习者而异。

三　儿童思维技能体验部分显性化

融思促学实验研究从学生对英语喜爱度和参与度、词汇学习经历和活动认可、阅读学习经历和活动认可等维度来验证儿童思维技能体验情况。

在对英语喜爱度和参与度上,实验班和对照班无显著差异,实验班之间也无显著差异,说明整体而言,学生们对英语课都比较喜欢,参与也都比较积极,这一点与研究团队的观察和任课教师的反馈一致。

在对词汇学习活动喜爱度上,实验班和对照班以及实验班之间均无显著差异。在对所列词汇学习活动体验率上,实验班和对照班以及实验班之间也无显著差异,但在对帮助最大的词汇学习活动排序上,实验班和对照班共同认可的前五项活动均是通过图、义、形及声音进行匹配类活动,而两者分别的排序上差异就比较明显了,实验班更强调图、义、形匹配,而对照班排序前两位帮助最大的词汇学习活动是反复拼写和反复拼读。

在阅读学习活动喜爱度上,实验班和对照班之间无显著差异,但实验班内部 D 班和 E 班存在显著差异。在对所列阅读学习活动体验率上,对照班的跟读活动体验率高于实验班,实验班在"采用思维图形辅助复述""采用思维图形对原文进行解读""根据文章内容进一步推理、判断""读后为生活中遇到的类似问题做决定"以及"读后对相关主题的某件事情的过程进行描述并说明先后顺序"等活动体验率高于对照班,实验班内部 F 班多个活动体验率低于 D 班和 E 班。在帮助最大的阅读学习活动排序上,实验班和对照班共同认可的前三项活动是跟读、指读和默读,但各自的排序中,实验班排序前八的帮助最大的阅读学习活动多与思维图形和解决问题相关,而对照班则更倾向于"翻译原文"。

由此可见,实验研究期内,是否接受融思促学干预对学习者对英语学习喜爱度和参与度、词汇学习活动喜爱度、阅读学习活动喜爱度影响不明显,但接受了融思促学干预的实验班对植入的融思促学词汇学习活动和阅读学习活动有较强的体验感和较高的认同度,相比之下,对照班则因为没有融思促学体验而仍然局限于传统词汇学习活动和阅读学习活动。

四　儿童思维技能工具认知部分显性化

融思促学实验研究采用问卷调查中的 4 个小题、实验班任课教师访谈和重点对象跟踪等来验证学生思维技能和工具的认知情况。

从问卷第 9-12 题关于思维技能和工具的认知调查来看,实验班和对照班无显著差异,但在第 10 题对于给出的一组词会选择什么方式记忆上,对照班更倾向于使用"先分类再记忆"。

从实验班任课教师访谈和重点对象跟踪情况来看,实验班的学生经历了一段较长的时间:起初他们对具体思维技能没有认知,伴随着任课教师显性化地示范思维技能动词力度的加大,越来越多的学生能够逐渐理解并接受这些思维技能动词。而在思维工具的认知上,也是伴随着任课教师逐步反思意识到需要通过思维工具辅助可视化思维过程,加大了思维工具的辅助,越来越多的学生才参与应用思维导图、时间轴、树状图等思维工具来完成学习任务。

由此可见,学生对思维技能和思维工具的认知取决于教学过程中任课教师的显性化指导以及教学活动中的反复运用。

五 教师思维能力提升的挑战显性化

融思促学实验研究主要从实验研究团队观察和实验班任课教师访谈中了解融思促学对教师思维能力提升的挑战。

无论是准实验期间实验班任课教师 W 老师还是正式实验期间实验班任课教师 S 老师,虽然一开始都自愿参与实验研究,负责实验干预,但都在"融思促学教学容量与实际课时""活动资源植入与常规教学设计""过程教学融入与单元教学结束后融入"等方面经历了内心的冲突和行动上的犹豫。这是任何一种教学实验干预都可能存在的正常现象。

值得高兴的是,他们最终都得到了足够多的来自实验研究团队、学校领导、英语教研组和学生们的支持,一次一次地更新理论知识和实践探索,在反思中去发现问题,在研讨中寻找解决方案,最终按照研究设计较好地完成了研究工作。

回头看,融思促学实验研究对他们思维能力的挑战非常大。他们保持稳定的研究热情和教学热情,对思维能力框架、思维技能训练和思维可视化工具的认知,他们都在不断地学习和实践。

六 关于后续儿童外语教育融思促学实践的思考

(一)融思促学模型建构

结合实验研究过程与结果,笔者以英语阅读教学的融入式思维技能训练路径、方法和效果为出发点,对英语阅读从简单思维技能(如记忆、理解、分析、评价等)到复杂思维任务(如批判性思维、创造性思维)认知层级的融入目标、路径和方法等进行总结和提炼,构建儿童外语教育融入式思维技能训练理论模型。

如图 3.7 所示,儿童外语教育融入式思维技能训练理论模型以同步发展儿童语言能力和思维能力为目标。语言能力主要包括语言知识和语言技能。其中,语言知识包括语音、词汇、语法、功能和话题五个方面的内容,语言技能则包括听、说、读、写。思维能力主要包括思维倾向、思维技能、思维工具。其中,思维倾向(Thinking Disposition)采用特尔斐项目组(Delphi Project)的双维结构模型中的情感特质、理查德·保罗(Richard Paul)的三元结构模

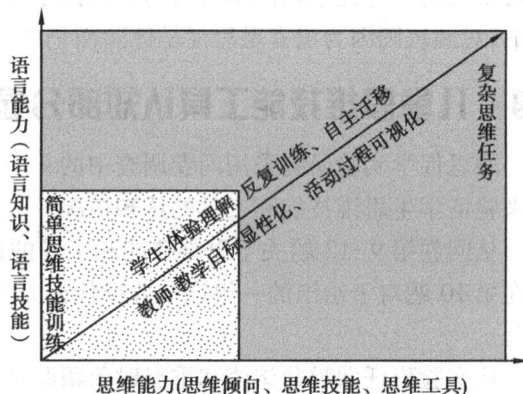

图 3.7　儿童外语教育融入式思维技能训练理论模型

型中的智力特征、林崇德的三棱结构模型中思维的非认知因素以及文秋芳的思维能力层级理论模型中的情感(文秋芳等,2009)。思维技能则采用修订版教育目标分类体系

（Anderson，2001）的六个层级及其下属的微技能。教师和学生作为思维发展型课堂的教学主导和教学主体，分别实现自身的价值：教师不断提升自己的专业素养和职业能力，在外语教学设计和实施过程中，使语言与思维双教学目标显性化，让语言与思维双活动过程可视化，学生在体验的基础上先理解，然后反复训练，最后自主迁移所学的知识和技能。学习活动和任务设计中遵循学生认知发展规律，采用梯级渐进式，先从简单思维技能训练入手，再逐步加大语言难度和思维难度，过渡到复杂思维任务，过程中强调对新思维技能的习得、已知思维技能的巩固和迁移以及应用已有思维技能对知识系统进行更深入的加工（赵国庆等，2018）。

儿童外语教育融入式思维训练理论模型，采用马扎诺（Mazarno，2001）关于思维教学程序的思想，在外语教育教学实践中，将思维训练形式、思维可视化工具与思维活动类型三者有效整合性融入，以活动创情境，以工具作支撑，以形式促提升，同时关注思维技能的发展和思维倾向的培养，实现了从思维技能教学走向思维发展型课堂的思维品质培养理念（赵国庆，2013）。

儿童外语教育融入式思维训练理论模型中，教师思维认知和活动设计也是两个非常重要的因素，因篇幅问题，笔者特在反思篇中着重进行补充和阐述。

（二）融思促学研究的局限

为期一年半的儿童英语阅读融思促学实验研究，按照研究设计取得了较好的研究成果，但与此同时，研究过程中也存在一些不足，后续实践和研究可以加以改进：

研究团队在教育研究中采用实验研究方法，便于开展历时对比和共时比较，但在非常规实验室环境下，即使尽力消减干扰因素，仍然难以避免一些不可抗因素，比如：准实验结束后正式实验更换实验班任课教师、新冠肺炎疫情期间在线教学对实验师生教与学带来的影响等。

国内外思维能力测试量具主要针对大学生及成年人，没有针对儿童语言与思维能力同步测试的量具，本研究中采用研究团队在国内外专家指导下固定人员命制测试试题，对试题严格保密，对测试严格执行考试纪律等，只能尽可能地保证试题信度，但因为无法组织反复重新测试等因素，未对试题信度采用公式进行检验。

（三）对融思促学研究的展望

结合儿童英语阅读融思促学实验研究经验与不足，基于已构建的儿童外语教育融入式思维训练理论模型，后续的实践和探索应关注儿童英语教育在不同课型中的思维技能融入模式，开发儿童英语语言能力与思维技能双发展测量量具，调查外语教师思维倾向现状等。

与此同时，学乐出版社自2006年起，连续多年发布了《儿童与家庭阅读报告》，结果显示儿童普遍喜欢阅读，父母的引导和以身作则对儿童习惯的培养非常重要，但是近一半的家长表示在指导儿童阅读、为儿童推荐书目时感到力不从心。影响儿童阅读行为的因素主要包括儿童本身、学校和家庭等，如果研究团队持续对儿童英语阅读能力与思维技能双发展进行研究，还可以从家庭亲子阅读过程中的家长思维能力认知、亲子融思促学阅读实践等方面进行研究。

参考文献:

文秋芳,王建卿,赵彩然,等,2009. 构架我国外语类大学生思辨能力量具的理论框架[J]. 外语界,(1):37-43.

杨鲁新,王素娥,常海潮,等,2012. 应用语言学中的质性研究与分析[M]. 北京:外语教学与研究出版社.

赵国庆,2013. 经典思维教学程序的分类、比较与整合[J]. 开放教育研究,19(6):62-72.

赵国庆,熊雅雯,王晓玲,2018. 思维发展型课堂的概念、要素与设计[J]. 中国电化教育,(7):7-15.

ANDERSON L W, KRATHWOHL D R, ARASIAN P W, et al., 2001. A taxonomy for learning, teaching, and assessing: a revision of Bloom's taxonomy of educational objectives[M]. New York: Longman.

MARZANO R J, 2001. Designing a new taxonomy of educational objectives[M]. California: Corwin Press.

下篇／

反思篇

第四章

教师英语教育融思促学工具认知

思维能力的培养要从小抓起。通过外语教学对学生进行思维能力的培养将使其终身受益,教会学生思维是外语教师的职业目标和责任之一。

然而,近年来笔者在一直从事的中小学英语教师国培工作中,尤其是在对一线教师进行教育教学改革与研究指导时,发现他们普遍存在思维能力培养的理论知识缺失的问题,特别是对思维能力的定义、框架、测评和工具等的理论认识严重不够,导致在教学实践过程中不知所措、以偏概全。

对一线小学英语教师思维能力不够的原因进行分析,笔者认为主要来自教师自身和他们所处的环境:绝大部分小学英语教师重教轻研,长期承担大量教学任务的他们对自主学习和教学研究没有时间和精力参与;面对繁重的各级各类检查评比等,他们中的绝大多数无力创新。

这一点与儿童英语阅读融思促学实验研究中笔者对实验教师的观察基本一致。实验中,研究团队采取了积极的措施提升实验教师理论水平。

基于此,笔者认为,教师思维能力的培养除了需要进行进一步提升理论篇中关于思维能力的定义、思维能力框架、思维测评量具等认知以外,还需要尽快更新教师对思维可视化及其代表性工具的认知。事实上,与教学内容直接相关的、个性化的思维工具对提高阅读课堂的效率有着举足轻重的作用。了解思维可视化及常用工具,走出思维可视化工具认知误区,采取切实有效的应用对策,将有助于提升教师思维能力,进而从源头上保障融思促学质量。

第一节　思维可视化与常用工具

一　思维可视化

思维可视化指运用一系列图示或图示组合把不可见的思维(思考方法和思考路径)呈现出来,使其清晰可见的过程。被可视化的"思维"更有利于理解和记忆,可有效提高信息加工及信息传递的效能。思维可视化主要通过两类技术实现:图示技术(思维导图、概念图等)和生成图示软件技术。

思维可视化自引入国内以来,一线教师和研究者积极探讨了思维可视化的教学价值。赵国庆等(2018)倡导运用思维可视化技术建构思维发展型课堂,刘濯源(2015)提出利用思维可视化创设精品课程资源,运用思维可视化自身图像性和直观性帮助学生参与课堂。

二 常用思维可视化工具

常见的思维可视化工具有思维导图、概念图、思维地图等。

（一）思维导图

英国心理学家托尼·博赞（Tony Buzan）20世纪60年代首次提出的"思维导图（Mind Map）"，是用来整理思维或将思维形象化的方法。他认为：放射性思考加上图示化笔记可改变传统、效率低下的记录笔记和思考方式；改为绘制由中心主题向外散发出成千上万的关节点，其中每个关节点与中心主题代表思维层级关系，一层一层深入梳理归纳我们思维，符合记忆规律。思维导图是充分利用人类左右脑机能，将大脑中的形象思维与抽象思维有机结合，用于信息加工与处理，辅助人们思考复杂问题和表征信息的可视化工具和技术方式。思维导图使用者利用信息表征工具，包括图片、图形等，加以组合运用，呈现概念间层次关系和思维顺序关系，实现概念表征可视化。思维导图绘制通常从一个主要概念开始，随着思维层次的不断深入，逐步建立一个有序图示，一个思维导图有且只有一个中心点。思维激发和整理是思维导图的两大核心功能，可视化与非显性化是思维导图的两大核心特征（赵国庆，2012）。

（二）概念图

康乃尔大学诺瓦克博士以有意义学习理论为基础，提出"概念图（Concept Map）"，将概念或命题置于圆圈或方框中，通过箭头和连接词将其连接成有意义关系的网络结构图，表示双方概念关系，箭头和连接词成为概念图典型特征。概念图通过建构一个清晰、明了的网络结构图，利用视觉和符号，帮助学习者掌握结构性和概念性知识，加强新旧知识联系，促进掌握知识体系（赵国庆等，2004）。

（三）思维地图

思维地图（Thinking Map），又名为八大思维图示法，是在1988年由海勒（David Hyerle）博士开发的。思维地图旨在促进学生职业元认知和持续认知发展，为特定多元智能有效学习的学生增加艺术成分。应用思维地图可缩短课程学习时间，为教师保留更多有效教学时间和跟踪学生表现（Hyerle，1996）。八大思维图示法分别为：圆圈图、气泡图、双气泡图、树形图、括号图、流程图、复流程图和桥形图。每个思维图示均与具体的思维技能相对应。

第二节 思维可视化工具认知误区

较多一线教师对思维可视化工具存在概念等同、概念混淆和应用失当等三方面的误区，这些误区在一些一线教师已发表的论文中也得到了印证。

一 概念等同

思维可视化工具被引入国内的过程中,部分教师因对不同思维可视化工具名称翻译错误导致理解错误,将思维导图与思维地图或概念图等同,认为思维导图共有 8 种基本类型,分别具有不同功能(薛莲,2019);或者认为思维导图就是概念图。

从理论基础来看,思维导图以脑科学和认知心理学为理论基础。大量医学临床验证表明,人的大脑主要由左右脑组成,功能和作用各不相同。左脑负责语言、计算、逻辑等具有层次性、连续性、分析性特点的思维;右脑负责联想、创造和图像思维,具有片段性、发散性、系统性特点。结构性知识在于概念之间的互相联系和组织,高阶思维要求学习者对结构性知识能清晰理解和描述。学习者不但要"知其然",还要"知其所以然"。思维导图借助形象图示展现命题,概念之间构成的知识,基于脑科学基础帮助学习者提高记忆效率,发挥左右脑同时参与加工认知活动,结合形象思维和抽象思维深入挖掘学习者思维潜力,从而提高学习效能和记忆能力。而思维地图以莫菲特的综合语言艺术理论(Theory of Integrated Language Arts)为理论基础。思维地图是听、说、读、写 4 项语言技能的综合产物,是学生用来说明自己思维过程的一部分,强调学习者要利用原始经验。使用思维地图时,学习者基于自身背景知识继续建构新意义和知识,在自我反思和构建中形成独立观点,通过绘制思维地图方式清晰明了地发现同伴间不同看法并进行互动和探讨,促进批判性思维发展(Sherman,2000)。

概念图强调整理归纳结构性概念知识;概念图和思维导图因其实用性和操作性而在各领域广泛应用并深受喜爱,这充分证实了其潜在价值。概念图可以拿来整理大气、水循环等知识结构内容,但如用思维导图则稍显牵强,可见,概念图与思维导图两者之间还是具有显著差异的,清晰认识两者间的不同有利于使用者精准表达概念和提高应用效率。

从应用目的来看,概念图理论基础为奥苏贝尔的有意义学习理论,有意义学习理论强调学习者新旧知识结合起来,从而在学习全新概念时方便调取已知内容促进学习内容的理解与内化。奥苏贝尔提出两个有意义学习的条件:学习者表现有意义学习态度和倾向,即在全新内容上自主发现与以往内容相联系的线索;所学概念能够帮助概念本身与学习者已有知识相联系(赵国庆等,2004)。因此,概念图作为中介图示,目的在于辅助学习者建立概念与概念、知识与知识之间的内在联系,厘清已有知识和要学习的知识的关系,最终达到自我内化和知识同化。思维导图作为思考和记忆中介图示,目的在于用记录形式激发和整理自己和别人的想法。对于开展"思考"和"头脑风暴"的环节来说再合适不过,但在整理逻辑性和概念性较强命题上仍需选用概念图。

从绘制方式来看,思维导图归纳大脑中的认知与想法,注重想象、颜色和线条。根据中心主题四处发散,形成父节点与子节点层级关系,随着思考深入形成树状结构图。概念图罗列所有知识和概念,注重命题与命题之间的联系,主张利用概念、连接词、命题、层次关系连接形成网状结构图。

二 概念混淆

部分教师因未接触到思维可视化工具的一手文献资料,了解最多的就是思维导图,因此,他们容易将所有的图示都误认为思维导图,尤其容易混淆思维导图和思维地图。

从思维表征形式来看,思维导图是"综合多种思维技能的模糊表示"。一方面,思维导图能够实现思维地图中除桥形图以外的七种图示的思维技能;联想、分类、对比等都能通过思维导图技术处理来实现;另一方面,"模糊"则表现在思维导图尽管可以综合多种思维技能呈现的可视化,但读者需要自我思考、揣测和识别,因为思维导图不像思维地图中八种图示那样直观标识出来。思维地图则被称为"具体思维技能的精准表示",八种不同图示精准对应八种不同的思维技能。

"圆圈图"用于根据已有认知进行"头脑风暴"和联想;"气泡图"用于描述某个事物,即用特定形容词或短语定义主题;"双气泡图"用于比较两个主题之间差异和相似性;"树形图"用于对所需信息进行组织和分类;"流程图"用于过程、进度或指令的直观展示;"复流程图"有助于确定事件原因和影响;"括号图"有助于分析整体、各个部分以及它们之间关系;"桥形图"则通过查找事物之间的相似性来创建类比图示。

学习者面对联想知识、归纳概念、对比命题等表征问题时,应根据思维技能和策略选定特定图示。对每种思维图示背后的思维技能进行精准训练,可使学习者"一针见血"地发现问题和解决问题,提升思维效能。

三 应用失当

在教学设计和实施过程中,部分教师由于概念等同或概念混淆等认知误区导致思维可视化工具的应用失当,如在应用思维导图过程中谈及可采用气泡图或者树形图围绕主题绘制发散性图示(杨丽,2017)。

教师对思维导图、思维地图、概念图的选用较随意,导致教学效果大打折扣,学生对图形只见其形,不知其"名",更不明其"意",思维可视化工具并没有起到理清思路、呈现思维过程、降低认知负荷的作用。这样长期地随意使用思维可视化工具在一定程度上会错过学生学习和训练的重要时期。

相对而言,低年级学生阅读学习中适合从思维导图的学习入手,通过思维导图的辅助提高学生做笔记的能力、参与头脑风暴的积极性、在反复提取和关联已有图式的基础上形成更加牢固的长期记忆等;四至六年级的学生可以开始尝试思维地图的学习和训练,了解下定义、分类、比较、因果、类比等常用思维技能,在阅读学习活动中使用恰当的思维地图呈现自己的思维过程;到了六年级以上,学生的知识相对结构化以后,储备的知识更多了,概念图的学习和训练可以帮助他们更好地理清阅读文本中不同概念之间的关系,促进知识的进一步结构化,有助于学生批判性思维的发展。

第三节 思维可视化工具应用对策

针对前述三个方面存在的思维可视化认知误区,笔者从教师培养培训和教师教学需求出发,提出以下三个改进对策:

一 开展思维教学培训

在国培、省培等教师培训项目中,应重视教师思维教学领域系列主题培训,通过讲座帮助一线教师输入思维教学、思维可视化、思维可视化工具等理论知识,形成正确的思维教学概念,全方位、系统地认识思维教学模式;通过课堂教学观摩发展思维联动型教师讨论,组织和研讨思维可视化应用关键点和实践点,利用观摩反思和教学日志形式帮助一线教师内化相关理论认识;通过课堂教学实践帮助教师体验使用思维可视化工具,及时发现学科教学中学生非知识层面问题,尊重学生个体认知和主体地位,结合教师自我分析和学生学情剖析,从思维切口发展新一轮基础教育改革和教学减负增效。

二 开设思维课程体系

在职前师范生培养过程中,将思维发展理论和实践植入人才培养课题体系,培养懂思维、会教思维的教师:通过显性化的思维课程帮助职前师范生增强思维发展认知,提升思维发展意识,了解思维可视化工具;通过系列语言、文化、职业、学术类课程群帮助职前师范生在自身学习过程中反复应用思维可视化工具辅助语言知识学习、语言技能发展、文化素养提升、职业技能发展、学术能力发展等;通过职前师范生实习等教学实践,帮助师范生学会思维教学设计,恰当运用思维可视化工具辅助学生学习与成长。

三 开发配套教学资源

着手解决思维可视化工具认知"先天缺陷"所导致的一系列问题的同时,还应重视开发思维可视化工具应用于教学所需要的"后天支持",即开发思维教学配套资源,从而促进达成学生高阶思维技能发展这一目标。目前市场上关于思维导图、概念图、思维地图等单一思维可视化工具的介绍类书籍较多,但关于如何将思维可视化工具应用到教学及配套教学资源还非常少。英语学科可以开发思维教学活动手册,依托布鲁姆教育目标分类(修订版)设计语言与思维技能双发展教学活动,使用恰当的思维可视化工具训练学生的不同思维技能。与此同时,还可以创新学生作业作品形式,借助思维可视化工具表达自己的思想,取代传统的词汇抄写、课文背诵类作业,提高学生学科学习兴趣;还可以将优秀的学生作业作品汇编成册,作为后续教学资源。

参考文献:

刘濯源,2015. 思维可视化与教育教学的有效整合[J]. 中国信息技术教育,(21):5-7.

薛莲,2019. 利用思维导图提升小学高年级学生英语写作能力[J]. 现代教学,(Z1):93-94.

杨丽,2017. 思维导图在小学口语教学中的运用策略[J]. 语文建设,(8):16-17.

赵国庆,熊雅雯,王晓玲,2018. 思维发展型课堂的概念、要素与设计[J]. 中国电化教育,(7):7-15.

赵国庆,2012. 概念图、思维导图教学应用若干重要问题的探讨[J]. 电化教育研究,(5):78-84.

赵国庆,陆志坚,2004. "概念图"与"思维导图"辨析[J]. 中国电化教育,(8):42-45.

HYERLE D, 1996. Thinking maps: seeing is understanding[J]. Educational leadership, (4): 85-89.

SHERMAN L W, 2000. Postmodern constructivist pedagogy for teaching and learning cooperatively on the web[J]. Cyber psychology & behavior, 3 (1):51-57.

第五章

儿童英语教育融思促学活动设计

如同在儿童阅读融思促学实验研究前对"巴渝海外引智计划暨第一届英语教学与思维训练高端工作坊"回访时一线小学英语骨干教师反馈的和研究中 S 小学实验班任课教师反馈的一样,融思促学要落到实处,一方面要提升教师的理论认知,另一方面要开发用于教学实践的活动资源。但不同的教师面对的是不同的学生,要因材施教,就需要教师根据学情对活动资源进行合理的选择,对活动内容进行恰当的增减删补,最理想的就是教师能够自行设计优质的融思促学活动。那么,设计的依据有哪些? 可以采用什么思路去进行设计呢?

国内外鲜有关于儿童英语教育融思促学活动设计的研究。笔者和团队成员基于国内外关于思维教学的类别、思维发展型课堂以及融入式思维教学等理论与实践,发现:在英语学科开展思维教学,实践融入式思维教学活动设计,首先要确定教学目标中的显性化思维训练目标,即借助已有思维能力框架,明确思维训练的内容,然后再借助可视化工具、策略等拆解过程性思维技能。

第一节 融思促学活动设计依据

一 理论依据

英国思维教学改革的先锋麦吉尼斯(McGuinness,2003)在研发 ACTS(Activating Children's Thinking Skills)课程中提出在学科教学中融入思维教学的主张,"以学科知识为思维技能训练的载体,以思维技能促进知识的深度理解"(赵国庆,2013)。

国内研究者构建了思维型课堂教学理论,强调在教学活动中创设认知冲突并发挥学生主体作用在不同场景下运用思维工具或思维策略,并通过反复训练能够实现思维技能的掌握与迁移。林崇德和胡卫平(2010)概括得出了"认知冲突、自主构建、自我监控、应用迁移"的基本原理,他们在近 200 所中小学对 20 多万学生进行了实验研究发现思维型课堂对学生思维能力和学业成绩等综合能力的提升有显著影响。赵国庆(2013)将思维型课堂延展为思维发展型课堂,建议教师按照"思维目标要记牢—认知冲突不能少—思维图示理思考—适时工具来引导—变式运用火候到"的思路进行教学设计。截至 2018 年,该教学模式已集结了 70 多所中小学形成"思维发展学学校联盟",将思维教学融入各个学科,成果颇丰(赵国庆,2018)。

二 实践依据

关于融入式思维教学实践,英国纽卡斯尔大学林梅博士及其团队 2004 年率先将思维技能教学融入现代外语教学活动中,编撰了《通过现代外语教学发展思维》一书,将一系列思维策略与语言教学活动结合,为一线外语教师提供了切实可行的活动案例和操作步骤。国内英语教育专家鲁子问(2016)也通过列举融入思维训练的教学活动表明融入式思维教学活动设计的可行性,如文字观察与设计活动、数学观察分析活动,在锻炼学生思维的准确性、灵活性、批判性等的同时就相应的词汇、语法、口语表达等进行操练。

第二节 融思促学活动设计思路

一 显性化思维教学目标

20 世纪 50 至 60 年代,布鲁姆在教育目标分类中指出认知领域的六个类别,知识(Knowledge)、理解(Comprehension)、应用(Application)、分析(Analysis)、整合(Synthesis)和评价(Evaluation),根据认知复杂度排列,涵盖了一系列思维技能(Bloom,1956)。1994 年,安德森进一步修订教育目标分类,将知识分离出认知过程维度,将思维技能的名词表述转化为动词,并重新整合六个层级为:记忆(Remember)、理解(Understand)、应用(Apply)、分析(Analyze)、评价(Evaluate)和创造(Create)(Anderson,2001)。2006 年,马扎诺(Marzano,2001)拓展形成了新的教育目标分类学,将布鲁姆修订版的多种思维技能纳入提取(Retrieval)、领会(Comprehension)、分析(Analysis)三个水平,并在此基础上提出知识运用的水平四,包含决策(Decision-making)、问题解决(Problem-solving)、实验探究(Experimenting)和调研(Investigating)四种复杂的认知任务(Marzano et al.,2006)。但不同的是,尤德尔等(Udall et al.,1991)认为思维不分高低层级,而是将思维训练分为基层(Basic-level)和深层(Complex-level),其中基层思维技能包含回忆(Recall)、列举(List)、排序(Sequence)、比较异同(Compare & Contrast)、解释因由(Reason)、推论(Infer)、分析(Analyze)、综合(Synthesize)等;深层思维包括批判思维(Critical Thinking)、创造(Creative Thinking)及解难思维(Problem-solving)等思维过程。同样,斯沃茨等(Swartz et al.,1994)也提倡深层思考任务(Complex Thinking Tasks)在教学中的运用。

基于以上关于思维技能、思维过程和思维层级的界定,英语学科思维教学活动目标设计可以分为基础思维技能训练和复杂思维任务两类。思维技能的选择可以从安德森框架中进行选取,其覆盖面较广,动词表述形式更符合认知操作的定义,有助于根据层级判断其难度,即发生在大脑中的具体动作。复杂思维任务可综合以上思维框架,包括做决定、解决问题、实验探究、调研、设计方案等。

显性的基础思维技能训练目标可用思维技能的动词与语言知识或语言技能教学内容的名词结合,形成动词词组,比如记忆/理解单词意思、发音、词形或语法规则、阅读策略等。

显性的复杂思维任务目标可描述为:在什么生活学习的真实情境中,学习者思考解决什么问题、做出什么决策、验证什么假设、设计什么方案以及培养什么思维倾向、思维习惯、思维策略等。

二 可视化思维活动过程

按照融入的技能数量和复杂程度,融入式思维教学可以分为基础思维技能融入型和复杂思维过程融入型。设定显性思维教学目标的同时,两种类型的融入式思维教学都需实现其活动过程的可视化才能起到真正服务思维能力培养的作用。

设计基础思维技能融入型活动可以借助常见的思维可视化工具或策略。比如海勒(Hyerle,1996)推荐的八大思维地图:圆圈图(Circle Map)、气泡图(Bubble Map)、双气泡图(Double Bubble Map)、树形图(Tree Map)、括号图(Brace Map)、流程图(Flow Map)、复流程图(Multi-flow Map)、桥形图(Bridge Map)。这些可视化工具直接对应具体的思维技能:圆圈图用于联想和下定义,气泡图用于描述特征,双气泡图用于对比,树形图用于分类,括号图用于表示整体与局部的关系,流程图用于排序,复流程图用于分析因果,桥形图用于类比。当然也可以根据语言教学需求自由组合这些思维地图,在一个活动中练习多种思维技能。与此同时,也可以根据已有的思维训练课程或框架安排教学活动,比如利普曼(Lipman,1980)提出的儿童哲学(Philosophy for Children)有特定的操作步骤,可以用于教授英语文本故事,引导学生进行发问和分享观点,培养学生批判性分析和评价的能力。

复杂思维过程融入型教学设计与任务型教学设计在一定程度上相契合,包含多个教学活动。任务型教学任务分为结构型(Structure-based)、交际型(Communication-driven)和中间型(Intermediate Position)(Skehan,1998)。结构型针对特定的语言结构而设定,交际型需要设计自然真实有意义的任务,中间型兼顾真实性与特定语言形式的练习,更有益于复杂思维过程的融入,其核心在于"以学习者为中心",让学生在"体验、发现和创造"的过程中构建意义(方文礼,2003)。

但不同于普通的外语教学中运用的任务型教学设计,复杂思维过程融入型教学活动设计不但需要显性化思维训练目标,还要将复杂思维过程进行拆分,细分涉及的思维技能,并通过排序形成教学流程。例如,教师让学生帮助主人公解决房间杂乱的问题,那么首先教学设计时就要预判其中包含的思维技能:列举物件、区域分类、匹配、重要性分析等,形成解决问题的思维过程。这样的教学设计具有一定复杂度,主要体现在以下三个方面:认知复杂度、知识复杂度和语言复杂度。认知复杂度是指其中所涉及的思维技能数量和层级较多;知识复杂度是指完成任务要求学生调取或补充相关的知识,包括生活常识以及其他学科知识;而语言复杂度是指学生既需要使用特定的词汇和句式以满足主要的语言教学目标,同时也还需要延展到相关话题的语言,将新旧语言知识进行整合。复杂度一方面有利于激发学生的学习兴趣和参与度,因为带有一定认知冲突和挑战的活动能够促使学生开动脑筋,提高认知参与度;另一方面又需要教师为学生提供充分的辅助,引导学生做好认知准备、知识准备和语言准备,以防学生畏难而放弃任务,尤其是认知准备,分解任务后预估哪些思维技能的运用会存在困难,给学生推荐工具和策略,并进行示范,分享思考过程。

第三节 融思促学活动设计案例

一 基础思维技能融入型

以人教版小学英语教材五年级下册第一单元(My Day)的词汇复习活动设计为例。

整体设计理念:反复提取已学短语有益于学生强化记忆,加深理解。

显性化思维教学目标:强化学生对所学短语的词形和词义的记忆,并练习辨别、分类思维技能。

可视化思维活动过程:第一步,学生单独对图片进行辨别并提取和匹配对应的英语词组;第二步,小组合作对所给短语进行分类。

特别说明:思维训练可从英语学习开始时融入,并长期坚持,形成一定的教学默契。如果是第一次或者刚开始融入分类技能,教师要引导学生思考分类的标准以及分类过程中的注意事项,随后要反复多次训练,以达到思维训练的目的。后续再开展类似活动时,学生才可能有效完整地自主迁移和应用。

Step 1   Checking Your Memory

Match the pictures to the phrases below and each one can be used once only. Write down the matching number of the picture in "(   )".

do morning exercises (   )　　eat breakfast (   )　　have… class (   )

play sports (   )　　eat dinner (   )　　clean my room (   )

go for a walk (   )　　go shopping (   )　　take a dancing class (   )

(1) 　　(2) 　　(3)

(4) 　　(5) 　　(6)

(7) 　　(8) 　　(9)

Step 2　Further Comprehending

Classify these phrases into different groups and **explain** the reasons. You need to use up all the phrases and classify them into 2 groups at least. Write down the picture numbers into different group circles. You can add more circles if you need more groups.

Group name: _____　　　　　Group name: _____

二　复杂思维过程融入型

以人教版小学英语教材五年级上册第一单元(What's He Like?)的读写部分为例。

整体设计理念:教材要求学生阅读描写机器人 Robin 的文章,在融入式思维教学中,可将其拓展为给妈妈设计机器人的任务。这个任务包含了丰富的情感目标、知识目标、语言目标和认知目标。

显性化思维教学目标:学生通过完成任务更加体恤妈妈的辛苦,理解妈妈的角色;增加对机器人的有关知识和表达;强化理解和使用描述人物的英语词汇和句式;练习复杂思维任务过程分解。

可视化思维活动过程:任务前,学生通过阅读积累有关知识和语言,教师引导学生使用可视化思维工具(圆圈图和思维导图)来提取和整理语言知识(Step 1 & Step 2);任务中,教师示范决策思维任务的思维技能拆解过程后,鼓励学生使用思维工具对要完成任务所需要的思考步骤做显性化表述。例如学生需要自行选取和应用思维工具进行头脑风暴,思考妈妈日常要做的事情,并进行分类、比较和筛选;学生需要挑选适合的颜色、外貌和功能与自己设计的机器人匹配(Step 3-1&2);任务后(Step 3-3),学生分组分享设计,其他同学进行批判性评价,选择最好的机器人设计;除此以外,学生还可进一步分析总结设计中所使用的策略和存在的问题。

Step 1　Learning before Reading

1. **Brainstorm** what a robot is like.

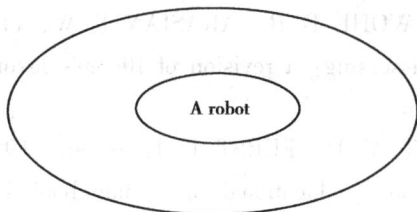

Step 2　Reading Comprehension

1. Read and **underline** the Robot's name and his creator.
2. Read and **complete** the mind map about Robin.

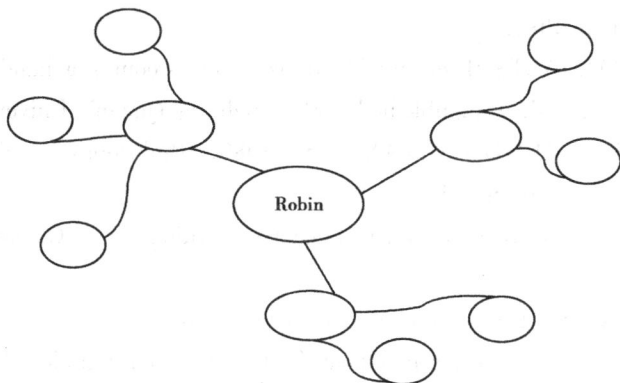

Step 3　Expanding after Reading

1. Describe what your mum is like. You are going to **design** a robot for your mum.
2. **Draw** your robot and introduce it to the class.
3. Vote for the top 3 robots.

以上两个英语学科融入型思维教学活动案例重在使融入式思维技能/过程显性化,从而实现相应的教学目标,如情感目标、知识目标、文化目标等;案例对教材内容进行了适当的拓展,明确思维技能层级和数量,并为学生提供语言支持,扩充知识容量。日常教学中,教师可从基础思维技能融入型入手,逐步过渡到复杂思维过程融入型,形成系统性的融入式思维教学设计理念。

参考文献:

方文礼,2003.外语任务型教学法纵横谈[J].外语与外语教学,(9):17-20.

林崇德,胡卫平,2010.思维型课堂教学的理论与实践[J].北京师范大学学报(社会科学版),(1):29-36.

鲁子问,2016.英语教育促进思维品质发展的内涵与可能[J].英语教师,16(5):6-12.

赵国庆,2013.经典思维教学程序的分类、比较与整合[J].开放教育研究,19(6):62-72.

赵国庆,熊雅雯,王晓玲,2018.思维发展型课堂的概念、要素与设计[J].中国电化教育,(7):7-15.

ANDERSON L W, KRATHWOHL D R, ARASIAN P W, et al., 2001. A Taxonomy for learning, teaching, and assessing: a revision of Bloom's taxonomy of educational objectives [M]. New York: Longman.

BLOOM B S, ENGELHART M D, FURST E J, et al., 1956. Taxonomy of educational objectives: the classification of educational goals: hankbook 1: cognitive domain[M]. New York: David McKay.

HYERLE D, 1996. Thinking maps: seeing is understanding[J]. Educational leadership, 53 (4):85-89.

MARZANO R J, KENDALL J S, 2006. The new taxonomy of dducational objectives[M]. 2nd ed. California: Corwin Press.

MCGUINNESS C, 2003. ACTS II sustainable thinking classrooms: a handbook for teachers of key stage 2 pupils. 3rd ed. (unpublished)[M]. Belfast: Queen's University of Belfast.

LIPMAN M, SHARP A M, OSCANYAN F S, 1980. Philosophy in the classroom [M]. Philadelphia: Temple University Press.

SKEHAN P, 1998. A cognitive approach to language learning[M]. Oxford: Oxford University Press.

SWARTZ R J, PARKS S, 1994. Infusing the teaching of critical and creative thinking into content instruction: a lesson design handbook for the elementary grades[M]. California: Critical Thinking Press and Software.

UDALL A J, DANIELS J E, 1991. Creating the thoughtful classroom: strategies to promote student thinking: Grades 3-12[M]. [S. l.]: Zephyr Press.

附 录

一 五年级下册第一单元活动资源

（一）单元导览

单元话题：我的一天

素材来源：PEP 5B Unit 1 My Day

教学目标：

By the end of the lesson, students will be able to

语言目标：

1. **comprehend** the listening text by differentiating the activities of fun and the ones of hard work, by **identifying** the logical relationships with the word "so" and "but";

2. **discuss** what they normally do on Saturdays / Sundays in the conversation;

3. read and **understand** the text of *Robin's Play*, **sequence** Robinson's daily activities, **find out** expressions **indicating** time order and **compare** the frequency of different activities;

4. observe, **organize** and write down their daily activities in a letter;

5. **comprehend** and **remember** phrases related to daily activities (do morning exercises, eat breakfast, have… class, play sports, eat dinner, clean one's room, go for a walk, go shopping and take a dancing class) by **matching** the meaning and the form, and by **categorizing** them;

6. **understand** and **apply** frequency adverbs (sometimes, usually, often, always) to **making** sentences in the new context.

非语言目标：

1. enhance thinking skills: **applying**, **classifying**, **sequencing**, **comparing**, **contrasting**, **analyzing** cause and effect relationship to facilitate comprehension and memory;

2. work in groups to make a reasonable decision about fixing time with others, by **evaluating** different choices;

3. know the meaning of sharing, that is, to share something people do not know;

4. strengthen their empathy to others when making decisions.

（二）融思促学活动设计

Reading and Writing

教学素材：Part B Read and Write

教学步骤：

Step 1　Preparation before Reading

Imagine a person is living on the island based on the picture and **brainstorm** what he does in the morning and in the afternoon.

Use what you know to guess and fill in the forms below.

in the morning

- _____
- _____
- _____

in the afternoon

- _____
- _____
- _____

Step 2 Reading Comprehension

1. After you read Robin's play, **underline** what Robinson does in a day. **Match** them to your guessing, and tick the same ones in the above forms. Share in groups about how you find the answers.

✓ Guessing right about

_____

- _____
- _____
- _____

2. **Match** and **fill in** the blanks with the activities of Robinson and **color** the column to **show** the frequencies. The more you color, the more frequent it is.

0 (不涂)　　　　100% (涂满)

always _____

sometimes _____

often _____

Step 3　Preparation before Writing

1. **Recall** and **list** the activities you do every day (weekday and weekend), and **compare** them with Robinson's and write them down in the chart.

I

Robinson

- _____
- _____
- _____

- _____
- _____
- _____

- _____
- _____

2. **Mark** your feelings when you do the activities by drawing the emojis (表情) beside them and select the ones you want to share with Robinson.

For example:

happy　　　sad　　　angry　　　excited　　　bored

3. Are you satisfied with your day? Do you want to change some activities? **Write down** your evaluation here and **explain** why.

I do not want to _____. I want to _____,

because _____.

Step 4   Writing and Sharing

1. What do you want to share with Robinson? **Write** about your day and your ideas.

Dear _____,

My name is _____. I am a student.

We share a lot in common. We _____.

We _____ ... I am _____.

But, I_____ I _____ ...

I am _____. I like / dislike _____.

I want to _____, because _____ ...

Yours,

_____

Language Kit

写信过程中, 如果你想要知道对方的想法, 可以使用

"What about you?" "Do you like… / dislike…?"

等问句。

2. Challenge yourself! Is there a person you like living in other countries? **Share** your life and ideas with him / her.

- Who is him / her? What does he / she do?
- Where is he / she living now?
- What does he / she often / sometimes / always do in his / her daily life?

What do you feel about his / her life?

教学时长:1 hr

教学建议:

1. 读前准备环节。

教师先让学生想象一个人生活在孤岛上,他在上午和下午会做什么,然后让学生根据

自己的想象填写表格。

2. 阅读理解环节。

（1）教师引导学生阅读完文本内容之后，和自己的猜想进行比较，将猜对部分的原文挑选出来，然后在小组内分享自己是如何快速找到答案的。这样可以帮助学生掌握更多的阅读技巧。

（2）教师引导学生根据文本将答案填写在横线上，并在方框内涂色，以表示事情发生频率的高低。教师需要告诉学生，涂的面积越大，事情发生得越频繁。其目的在于帮助学生理解这三个频率副词的意思。

3. 写作准备环节。

（1）学生回忆并列出自己一天要做的事情，然后将自己的事情和 Robinson 的事情进行比较，并且思考自己的一天和 Robinson 一天所做的事情，哪些相同，哪些不同。教师提问：如果要给 Robinson 写信，你会分享哪些事情呢？

What things do you want to share with Robinson? The same things or different things?

（2）教师引导学生思考，除了分享做的事情，我们还会分享什么呢？（What else do you want to share?）学生如果没有讲到，教师可举例。（For example, share what you feel.）然后，教师引导学生在所写事情的旁边画出表情标记自己做这些活动时的心情。

（3）除了心情外，教师还要引导学生深入思考生活。教师询问学生对自己的一天是否满意，有没有想要改变的活动，然后让学生填写表格并解释原因。

4. 写作与分享环节。

（1）教师可以根据学生情况，让学生选择 Robinson 为写作对象，也可以让学生自行选择写作对象。如果写作对象不是 Robinson，那么前面准备环节的比较对象要随之发生变化，学生需要自己思考对方每天会做些什么，比如爸爸、妈妈、自己的朋友。

（2）如果写作对象发生变化，教师可以考虑融合情感因素、文化因素，进一步升华该教学活动。

比如，写作对象是爸爸、妈妈，教师可以引导学生比较自己和父母的一天（包括晚上），思考自己每天做这些事情的心情，也考虑父母的心情；思考自己想要改变的活动，也考虑父母想要自己做出哪些改变，从而激发学生的同理心。

（3）另外，假设是给美国、英国等其他国家的小朋友写信，尤其是在与其他国家本身有交流项目的情况下，教师可以让这封信变成真实的交际活动。如果是假设情境，那么教师需要补充这个小朋友一天的主要活动，比如一个英国小朋友的日常和一些有文化特色的活动。教师也可以引导学生询问"What do you _____ in the morning / in the afternoon / in the evening? Are you _____?"，激发学生对不同文化的好奇心。

（备注：写作对象的选择也取决于课时长度，Robison 的用时最少，与阅读部分直接衔接即可；学生自己选择对象，如父母、朋友，相对比较熟悉，兴趣度更高，也能较快进行写作准备，但是教师要注意补充一些日常活动相关的词汇，比如：go to work, drive home, have lunch；而如果是教师预设外国小朋友或教师的情境，可能会涉及与新的文化活动相关的词汇，教师和学生都不熟悉，有一定难度，这种情况下可以直接进行 Step 3 的活动 2 和活动

3，引导学生着重描述自己的情况，以及提问，在信中询问对方的情况。）

（4）确定了写作对象之后，教师引导学生理解写信的目的，引出"分享"。教师引导学生进一步思考为什么要分享，让学生基于分享的理由来选择信中要写的事情。教师可以做如下提问：

Why do we want to write a letter about our day to our friend?

（Because we share similarities and differences / Because we share same or different feelings. / Because…）

Can we write down everything in a day? Then what can we write about?

思维试纸：

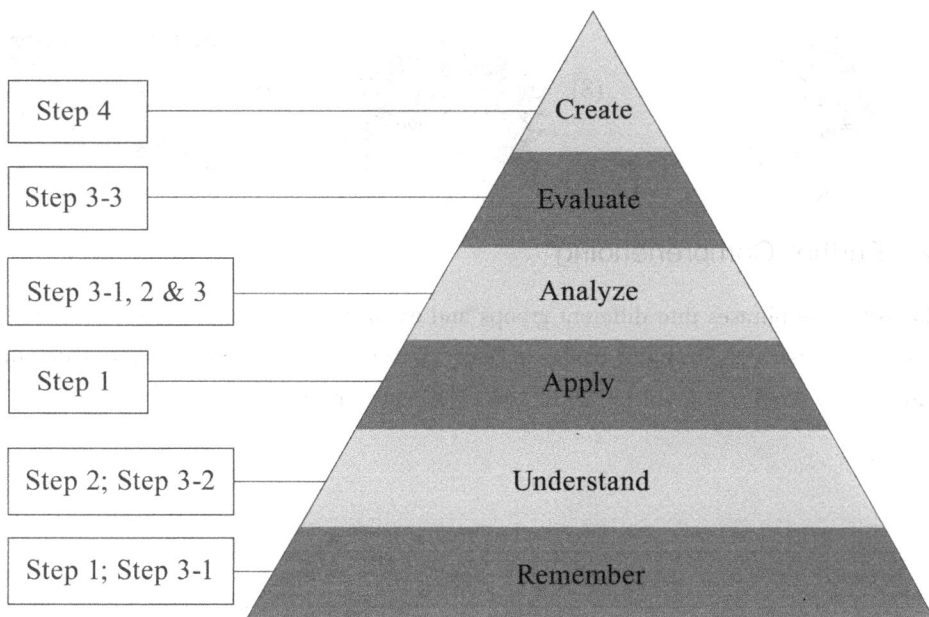

Step 4	→	Create
Step 3-3	→	Evaluate
Step 3-1, 2 & 3	→	Analyze
Step 1	→	Apply
Step 2; Step 3-2	→	Understand
Step 1; Step 3-1	→	Remember

Vocabulary

教学素材：Part A & Part B Let's Learn

教学步骤：

Step 1 Checking Your Memory

Match the pictures to the phrases below and each one can be used once only. Write down the matching number of the picture in "（   ）".

do morning exercises （   ）　　eat breakfast （   ）　　have… class （   ）

play sports （   ）　　　　　　eat dinner （   ）　　　clean my room （   ）

go for a walk （   ）　　　　　go shopping （   ）　　take a dancing class （   ）

(1)

(2)

(3)

(4)

(5)

(6)

(7)

(8)

(9)

Step 2   Further Comprehending

Classify these phrases into different groups and **explain** the reasons. You need to use up all the phrases and classify them into 2 groups at least. Write down the picture numbers into different group circles. You can add more circles if you need more groups.

Group name: _____   Group name: _____

教学时长:15 mins

教学建议:

词汇部分主要用于练习,旨在巩固词汇和语法知识。学生自行在课前或课后完成。课堂上,学生展示和分享作业,教师纠错。

1. Step 1 为词义匹配活动。教师提醒学生认真读图,短语与图片需一一对应。

参考答案:

(1);(5);(2);(4);(3);(6);(9);(7);(8)

2. Step 2 不止一个答案。教师可以鼓励学生开动脑筋思考可能的类别,重在解释分类的原因,引导学生探讨分类的好处。如果需要学生练习写这些短语,教师可以把对应数字改成直接写短语。

参考答案:

Indoor activities:(2);(3);(5);(6);(7);(8)

Outdoor activities:(1);(2);(4);(9)

思维试纸:

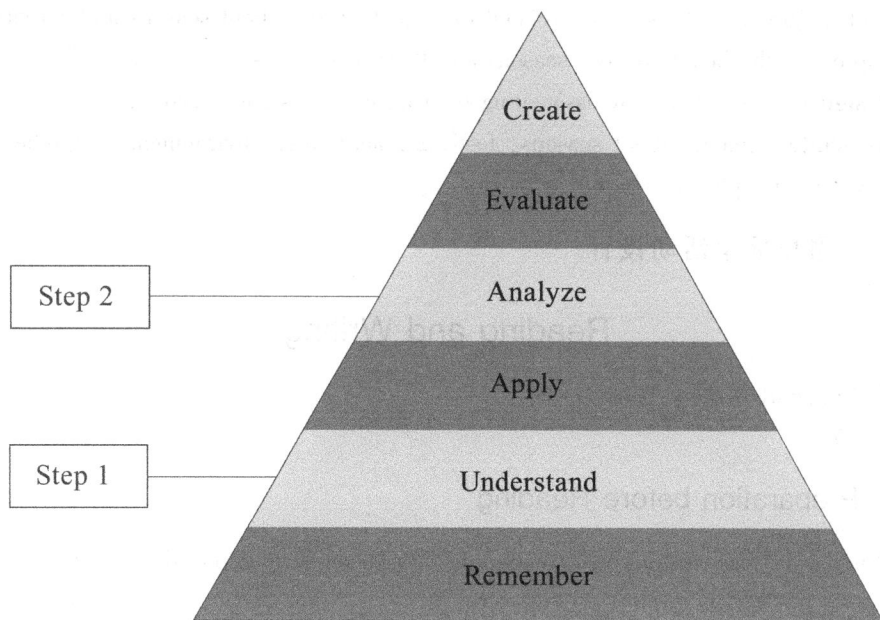

二 五年级下册第二单元活动资源

(一)单元导览

单元话题:季节

素材来源:PEP 5B Unit 2 My Favorite Season

教学目标:

After learning this lesson, students will be able to

语言目标:

1. **name** four seasons in English (spring, summer, autumn, winter) and **describe** their features by associating expressions about weather, clothes, etc. ;

2. **understand** conversations in the textbook and discuss their favorite seasons by **using** vocabulary about seasons and activities in different seasons (make a snowman, pick apples, play

in the snow, go on a picnic, plant flowers, eat ice cream, go swimming, etc.);

3. **explain** reasons after **identifying** their favorite seasons by **using** sentence patterns: Which season do you like best? / I like... Because...

4. **comprehend** the meaning of the story, **analyze** the main content and structure by identifying persons and activities on Christmas Day;

5. **write** about the climate, environment and activities of their own hometown on the Spring Festival.

非语言目标:

1. **apply** geographic knowledge about seasons, like how to identify them in both hemispheres;

2. work in groups to finish tasks related to their daily life about seasons and activities;

3. appreciate the beauty of four seasons and their hometowns;

4. **design** logos creatively by associating relevant elements and seasons;

5. **associate** elements about seasons, festivals, activities, environment comprehensively to creatively represent a place.

（二）融思促学活动设计

Reading and Writing

教学素材:Part B Story Time

教学步骤:

Step 1　Preparation before Reading

1. When are "four seasons" in Chongqing? Based on your knowledge, **recall** the name of each season in the middle circle for Chongqing.

For example:

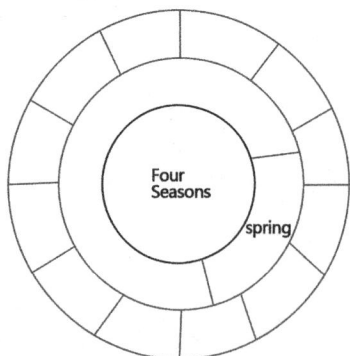

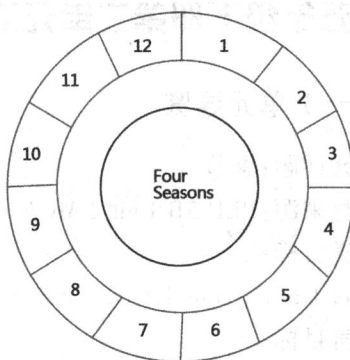

2. **Learn** the "Tip". Then **write down** the names of each season in the middle circle for Chongqing again.

Tip:

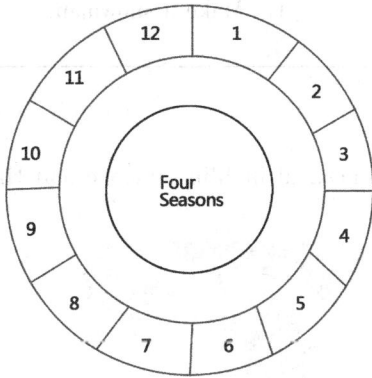

3. **Apply** what you have learnt, and **find out** which season it is. Write your answer in brackets and tick the matching weather.

15/08 in Chongqing (   )   It is warm / cool / hot / cold.

01/10 in Beijing (   )   It is warm / cool / hot / cold.

24/01 in Canada (   )   It is warm / cool / hot / cold.

4. **Test** your partner.

_____ in _____ is _____.

It is _____.

5. **Challenge** yourself!

02/02 in Thailand(   )   12/25 in Australia(   )

It is warm / cool / hot / cold.   It is warm / cool / hot / cold.

Step 2   Reading Comprehension

1. Read and **pick out** words from the box to fill in the blanks.

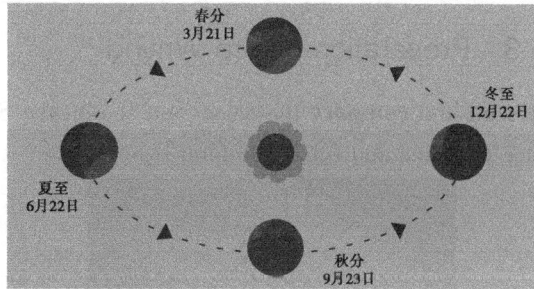

Who?

From?

Which season?

for

Koala   Zip   Zoom
Christmas Day
Australia: winter / summer

2. **Read** again and **answer** the questions.

（1）Which season does Koala like?

　　A. Spring.　　　B. Summer.　　　C. Autumn.　　　D. Winter.

（2）What doesn't Koala do on Christmas Day?

A. Go to the beach.　　　B. Swim in the sea.　　　C. Make a snowman.

Why? _____

Step 3　Preparation before Writing

Recall and **compare** the colors you see on the Spring Festival in Jilin province and Hainan province in China and fill in the form below.

Hainan　　　　　　　　　　　　　Jilin

Language Kit

White for snow. Because in winter, it often snows in Jilin.

Yellow for sand. Because we often go to the beach in Hainan and play with sand.

...

Jilin		Hainan
ALIKE		
Red for lanterns (灯笼)		
_____		
_____		
DIFFERENT		
White for snow		Yellow for sand

Step 4　Writing and Sharing

Choose colors to best **represent** the Spring Festival for your hometown. **Write** about them and **explain** the reasons of your choices.

_____

I think _____ (colors) can represent the Spring Festival for my hometown _____ (province or city name). _____ is for _____; _____ is for _____; _____ is for _____

_____

_____

I choose them because _____

_____

_____

_____

(climate / activities / environment).

Language Kit

Climate: It is… / It… / It has… in winter.

Activities: We make a snowman / have dinner with family… on the Spring Festival.

Environment: There are… flowers / trees…

教学时长:1 hr

教学建议:

1. 读前准备环节。

(1)学生回想四季的单词,激活思维。

(2)教师补充新知,关联地理学科知识,引导学生判断四季的划分。

(3)学生在新的语境应用新知,判断国内外不同地区的季节,关联与季节相应的天气的表达。

参考答案:

summer, hot; autumn, cool; winter, cold

(4)学生通过给同伴出题,加深对新知的理解,同时增加目标单词的使用频率,教师鼓励学生练习自己使用有困难的季节单词。

(5)教师鼓励学生进一步挑战自己,对泰国和澳大利亚的季节进行判断;然后邀请学生分享答案,解释原因;最后建议学生去探索其他判断季节的方法,但是一定要有依据。

参考答案:

summer, hot; summer, hot

2. 阅读理解环节。

（1）教师引导全班阅读理解文本：Do you know what festival is it on December 25th? Yes, Christmas. Today, we're going to read a story about Christmas. The story is about Koala, Zip and Zoom's new friend. Do you know where does Koala come from? Yes, Australia!

教师提示学生首先分析图形的含义，箭头代表着方向和目的，不同形状的图块代表着不同类别的信息。学生将方框中的单词分类。然后，教师再引导学生根据对文本信息的理解，完成图示。

教师引导学生根据图示，总结这个故事的主要内容。

参考答案：

Koala, Zip, Zoom；Australia, Christmas Day；summer, winter

（2）学生自行阅读并回答问题，检查对细节的理解，教师可以邀请学生回答和分享。

参考答案：

（1）B   （2）C

Because Christmas is in summer in Australia.

3. 写作准备环节。

教师引导学生思考海南和吉林这两个地方在春节时是什么气候，有什么特殊的庆祝方式，又有什么共同之处。学生分组填表，看哪个组写得多。同一个颜色可以代表不同的事物。

4. 写作与分享环节。

教师鼓励学生思考在春节时哪些颜色最能够代表自己的家乡，体现家乡的气候、风景或者节日风俗。学生独立写作。写作任务可以在课后完成，下节课再分享。

思维试纸：

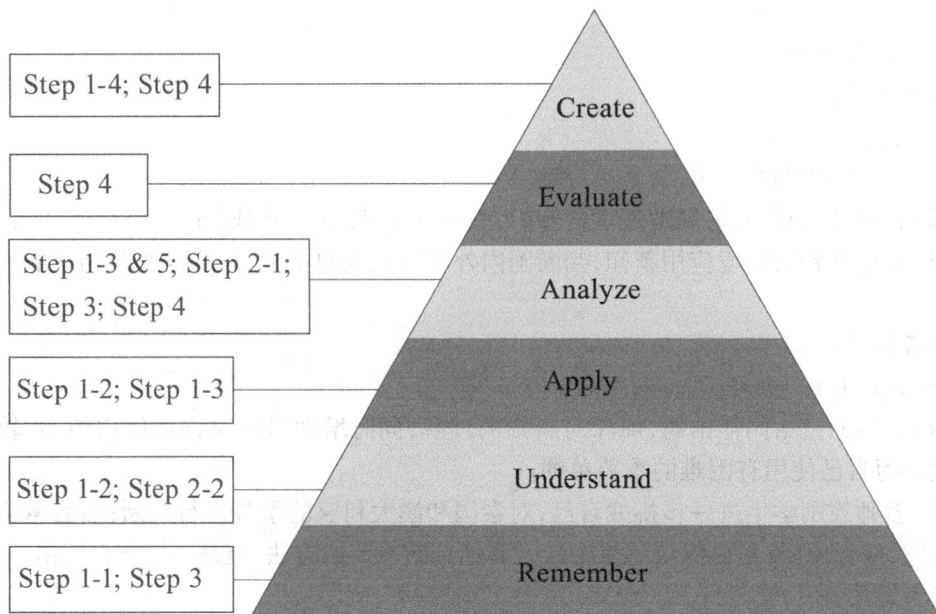

Vocabulary

教学素材:Part A & Part B Let's Learn

教学步骤:

Step 1　Checking Your Memory

Select phrases from the box and **match** them to these pictures.

A. _____

B. _____

C. _____

D. _____

E. _____

F. _____

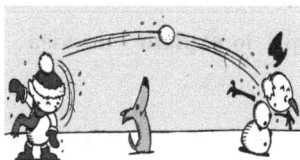

G. _____

> make a snowman; go swimming;
> go on a picnic; play in the snow;
> eat ice cream; pick apples
> plant flowers

Step 2　Matching and Comprehending

Analyze clues and write down the seasons or activities in the first two rows.

Seasons	Activities	Places
	plant flowers, go on a picnic	Chongqing
	pick apples	Beijing
summer		Yunnan
winter		Sydney

Step 3　Using Vocabulary

1. Answer the question "Which season do you like best?" **Recall** and fill in the blank.

I like ＿＿＿＿＿＿＿＿＿＿＿ best.

2. **Select** the phrases in Step 1 to **explain** your idea, and write down the letters（字母）in the blank.

Because I can ＿＿＿＿＿＿＿＿＿＿＿＿＿＿＿＿＿＿＿＿＿＿＿＿＿.

3. **Write down** other reasons.

Because ＿＿＿＿＿＿＿＿＿＿＿＿＿＿＿＿＿＿＿＿＿＿＿＿＿

＿＿＿＿＿＿＿＿＿＿＿＿＿＿＿＿＿＿＿＿＿＿＿＿＿＿＿＿＿.

教学时长:15 mins

教学建议:

词汇部分主要用于练习,旨在巩固词汇和语法知识。学生自行在课前或课后完成,教师批改。课堂上,教师带领学生总结存在原问题和解决办法。

Step 1 主要是图文匹配;Step 2 要将地点和季节性活动结合起来推断季节;Step 3 旨在引导学生将季节、活动的单词、短语关联到一起。

参考答案:

Step 1:go swimming, make a snowman, plant flowers, go on a picnic, play in the snow, eat ice-cream, pick apples

Step 2:spring;autumn;go swimming, eat ice cream, go on a picnic;go swimming, eat ice cream, go on a picnic(答案不唯一,言之成理即可。)

Step 3:言之成理即可。

思维试纸：

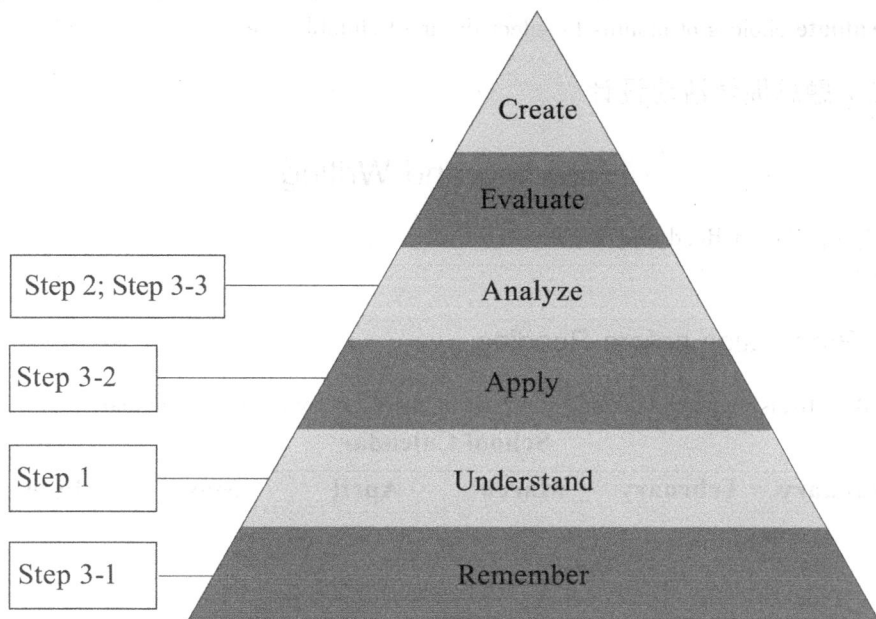

三 五年级下册第三单元活动资源

（一）单元导览

单元话题：校历

素材来源：PEP 5B Unit 3 My School Calendar

教学目标：

After learning this lesson, students will be able to

语言目标：

1. **identify** words indicating seasons, months and places when listening to the text about a school trip；

2. **use** expressions about places to eat, places to see and things to do comprehensively for planning a daily trip；

3. **read** and **comprehend** information in the school calendar, especially festivals and holidays；

4. **write** a simple invitation；

5. **spell** words and phrases about festivals and months；

6. **distinguish** the use of "in", "on" and "at" for months, dates and time.

非语言目标：

1. express love and thanks to their mothers；

2. appreciate cultural differences in school calendars, festivals and holidays between China and America；

3. reasonably **make** trip plans based on the purpose of the trip；

4. **compare** similarities and differences to make a better decision;

5. **evaluate** choices of months to select the most suitable one.

（二）融思促学活动设计

Reading and Writing

教学素材：Part B Read and Write

教学步骤：

Step 1　Preparation before Reading

Recall festivals and holidays and write them down on your school calendar.

School Calendar

January	February	March	April	May	June
July	August	September	October	November	December

Step 2　Reading Comprehension

In the picture, there are some primary school students in America. We're going to invite them to our school. They can stay here for one month.

But in which month should they come?

What can they do?

Let's find out together!

Look at their school calendar. **Tick** what are the same as ours. **Circle** what are different. Write down our different festivals and holidays into each month.

January	February	March	April
New Year's Day Winter Vacation	President's Day	World Book Day	Earth Day

May	June	July	August
May Day Mother's Day Healthy Week Sports Day	Father's Day Parents' Evening	Summer Vacation	Summer Vacation

September	October	November	December
Welcome Evening	Crazy Hair Day	Thanksgiving Day Science Week	Christmas Winter Vacation

Step 3   Preparation before Writing

Select the best three months for those American primary school students to come. **Explain** the reasons.

1 Because we will... We have... It is...

2 Because...

3 Because...

Step 4   Writing and Sharing

Choose the best month and **write** the invitation.

➤ **You are invited!** ◀

When:

Why:

Where:

What:

教学时长：1 hr

教学建议：

1. 读前准备环节。

学生回忆一年都有哪些节假日，可以独自完成，也可以小组讨论完成。

2. 阅读理解环节。

教师说明任务：有一群美国小学生要来学校交流参观，需要学生决定他们什么时候来，来了之后要做些什么。为了更好地做决定，首先，教师展示美国小学的校历，引导学生识别节假日，对学生不熟悉的重要的节日做一定的讲解，如总统日、读书日。然后，教师提示学生将其和自己的校历进行比较，勾出一样的，圈出不一样的。教师邀请学生分享，哪些不一样，为什么不一样。

3. 写作准备环节。

学生分组讨论，将最适合美国小学生来交流的三个月份选出来，并说明原因。教师可以做示范：

June is good because we have Children's Day. We will dance and sing songs. We will have many gifts. It is fun.

4. 写作与分享环节。

首先，教师带学生再次熟悉教材上的邀请函的文本，了解 when / why / where / what 后面都分别要写些什么。学生小组分享，选出组内最有吸引力的邀请函。然后，全班分享，每个小组分享完之后教师问其他小组是否喜欢，喜欢的话就竖起大拇指。教师可以在黑板上画爱心等，最后选出全班最受欢迎的邀请函。

思维试纸：

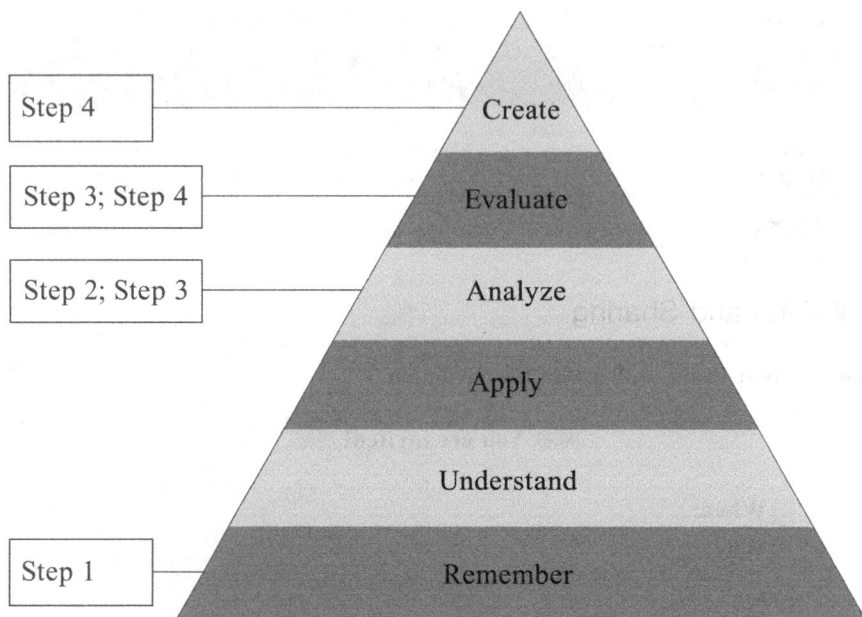

Vocabulary

教学素材:Part A & Part B Let's Learn

教学步骤:

Step 1   Word-checking

Put months into the right column and **correct** the wrong spellings.

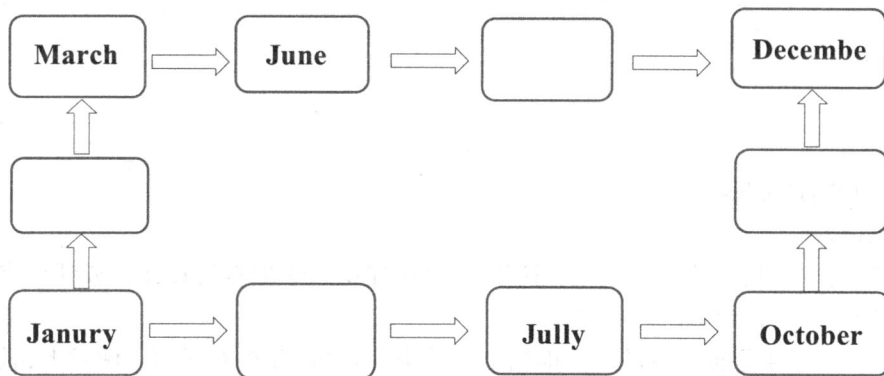

Step 2   Naming and Matching

Write down the festival name under each picture. **Match** festivals to months. Write down the numbers of months beside the festivals.

(1) _____   (2) _____   (3) _____   (4) _____

(5) _____   (6) _____   (7) _____   (8) _____

Step 3   Further Associating

Choose one month and list the festivals below. Let's compete who can **think of** the most festivals and **recall** relevant（相关的）activities.

Month:

We can… (do sth.)

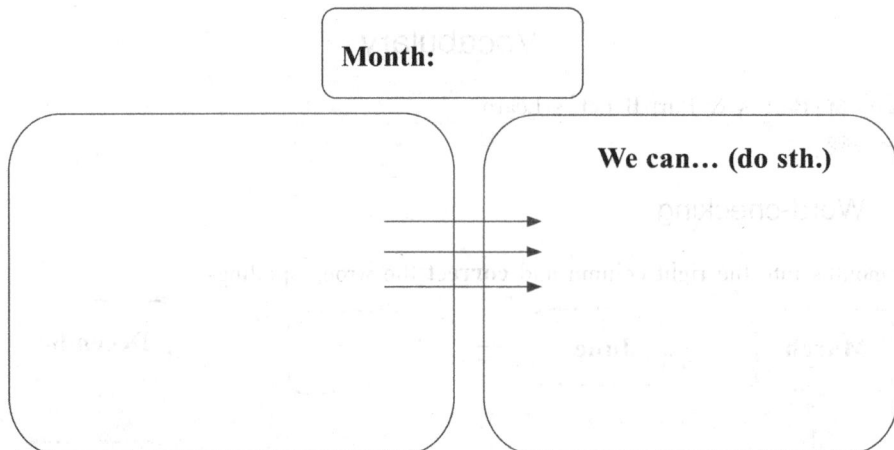

教学时长：15 mins

教学建议：

词汇部分主要用于练习，旨在巩固词汇和语法知识。学生自行在课前或课后完成。课堂上，学生展示和分享作业，教师纠错。

1. Step 1：学生根据已有的线索推测出方框中的月份，并校对拼写。课堂上，教师可以借助 PPT 或者板书进行反馈。

参考答案（答案不唯一）：

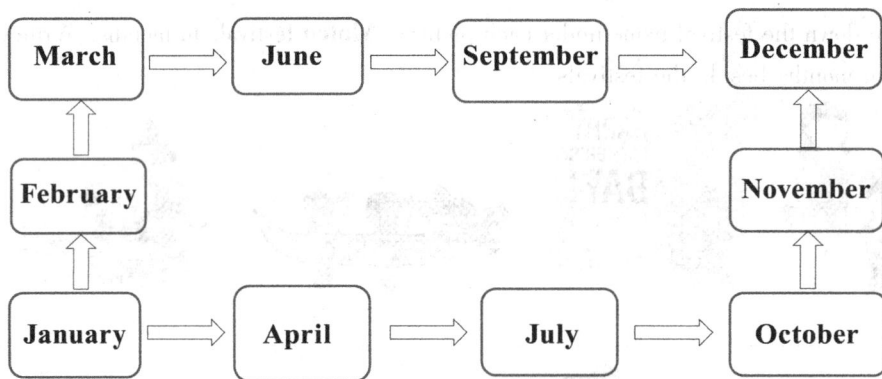

March → June → September → December

February

November

January → April → July → October

2. Step 2：学生看图写节日，并写出该节日所在月份的数字。如果课堂上练习的话，教师可以直接询问学生：Which month is…?

参考答案：

（1）Teachers' Day（9）　　（2）Father's Day（6）

（3）the Dragon Boat Festival（6）　　（4）Christmas Day（12）

（5）the Spring Festival（1/2）　　（6）Mother's Day（5）

（7）Mid-autumn Day（9）　　（8）China's National Day（10）

3. Step 3：学生思考并找出节日最多的月份，关联可以做的事情。

思维试纸：

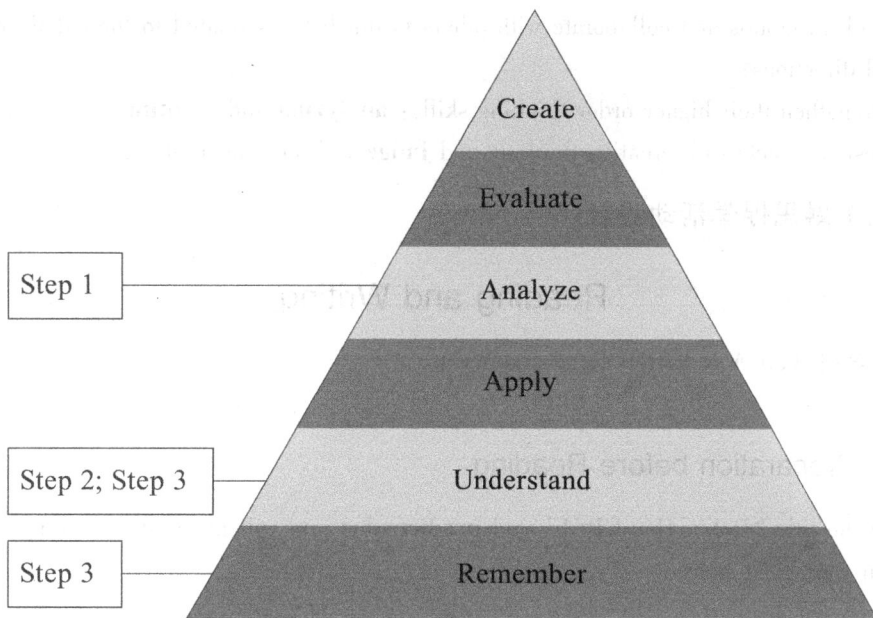

四 六年级上册第一单元活动资源

（一）单元导览

单元话题:描述路线/使用地图

素材来源:PEP 6A Unit 1 How Can I Get There?

教学目标:

By the end of the lessons, students will be able to

语言目标:

1. **understand** conversations in the textbook, **describe** places they know in daily life (e. g. bookstore, cinema, science museum, post office, hospital, etc.) and what they can do in these places;

2. **give** guidance to others about how to get to a place and ask for directions (How can I get...? It's next to/near/behind...; Go straight; Turn left/right at...);

3. **explain** the reasons why they like going to a specific place and express corresponding feelings;

4. **comprehend** the meaning of the story, **analyze** the main content and structure, and **apply** the knowledge and language in the story to writing about their own ideas in another situation.

非语言目标:

1. **associate** geographic knowledge and life experience about directions when giving guidance;

2. work in groups and collaborate with others to finish tasks related to their daily life about places and directions;

3. strengthen their higher order thinking skills: **analyzing** and **creating**;

4. design objects with creative thinking and **judge** with critical thinking.

（二）融思促学活动设计

Reading and Writing

教学素材:Part A & Part B Read and Write

教学步骤:

Step 1　Preparation before Reading

Read the title "Robin Has GPS!" and **predict** what you will know after reading. You can write down your ideas below.

(1) I will know what GPS can do.

(2) _____

(3) _____

Step 2　Reading Comprehension

1. What places are mentioned? Please **list** all the places you find in the text.

_____

_____

_____

_____

2. **Tick** which picture shows the right route to the destination.

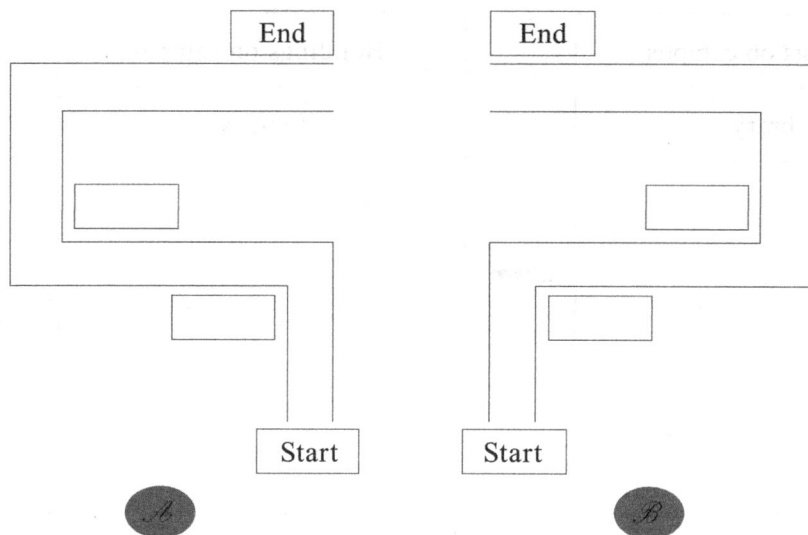

Step 3　Preparation before Writing

1. This is a brief map of your campus. **Think about** what buildings are on campus and write down names of the buildings in the blank boxes. You should write down at least 5 names.

2. **Think about** what you can do in the places you write in the map, and finish the following chart.

Buildings on campus
Library

Buildings on campus
Library

Step 4　Writing and Sharing

Work with your partner, ask where he/she wants to go on campus, **draw** the route on the map and **complete** the following writing task.

_____ wants to go to _____ on campus, because he / she can _____ there. He / she should turn _____, then _____.

_____

_____. Finally, he/she can arrive at the place.

教学时长:1 hr

教学建议:

1. 读前准备环节。

教师让学生根据文章标题预测文章可能讲述的内容,训练学生预测文本的能力。

2. 阅读理解环节。

学生读完短文后,教师引导学生根据对文章的理解完成相关练习,检验学生对文章大意和部分细节的理解。

3. 写作准备环节。

(1)学生在给出的空白地图上,结合所学内容和个人喜好,填入和校园相关的建筑名称。

(2)根据所填内容,学生思考在不同的地点,可以做哪些事情,为写作环节做准备。

4. 写作与分享环节。

学生和同伴合作完成任务:根据所绘地图,互相询问想去的地点,在地图上画出相应路线,并根据写作提示完成写作练习。

思维试纸:

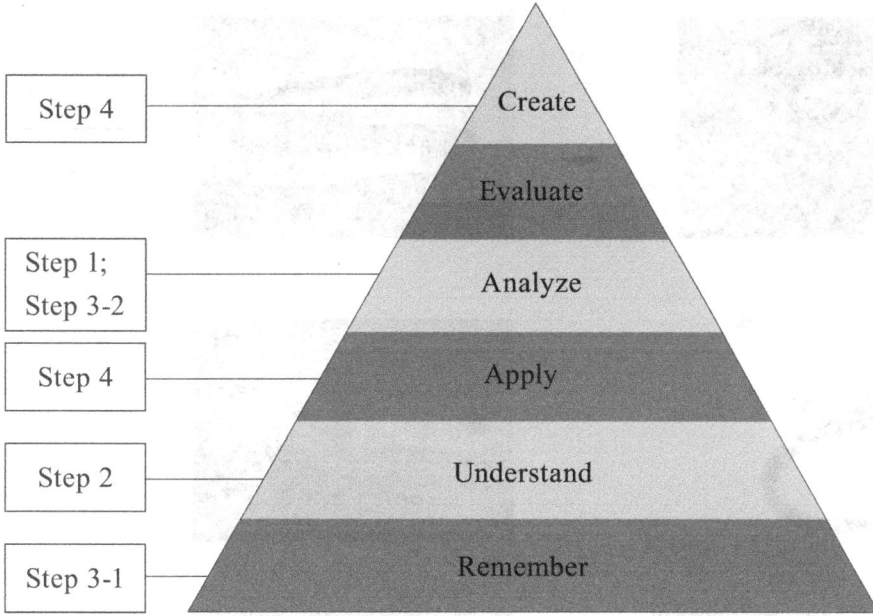

Vocabulary

教学素材：bookstore, post office, cinema, science museum, post office, GPS, map, compass

教学步骤：

Step 1 Matching and Writing

Match the following items with the places where you can find them, and write down the name of the places.

_____

_____

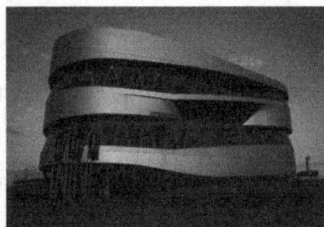

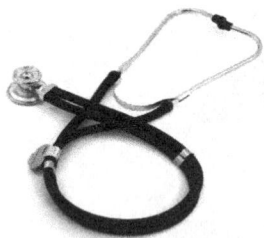
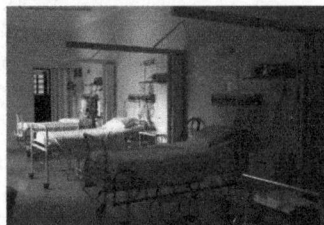

Step 2　Blank-filling

Choose one word below and fill in the blanks to **complete** each sentence in a logical way. You can use each word only once.

> map　compass　stars　GPS

(1) The _____ helps us quickly identify the north, south, west and east.

(2) The _____ helps us know main features of a place, such as its roads and rivers.

(3) The _____ helps us find the position of a person or thing accurately.

(4) The _____ helps us find the north especially in a clear summer night.

教学时长:15 mins

教学建议:

1. 词汇部分主要用于练习,旨在巩固词汇和语法知识。

2. 学生自行在课前或课后完成,教师批改。

3. 课堂上教师带领学生总结存在的问题和解决办法,注重巩固学生对本单元重点单词词性、词义的理解。

4. Step 2 的参考答案依次为:compass, map, GPS, star。如果单看其中一道题,答案并不是唯一的,如第 1 题的答案也还可以是 star 或 GPS,但根据题目要求,一个单词只能使用一次,且让每句话都符合逻辑,因此,教师须引导学生注意题目要求,更加全面地思考问题。

思维试纸:

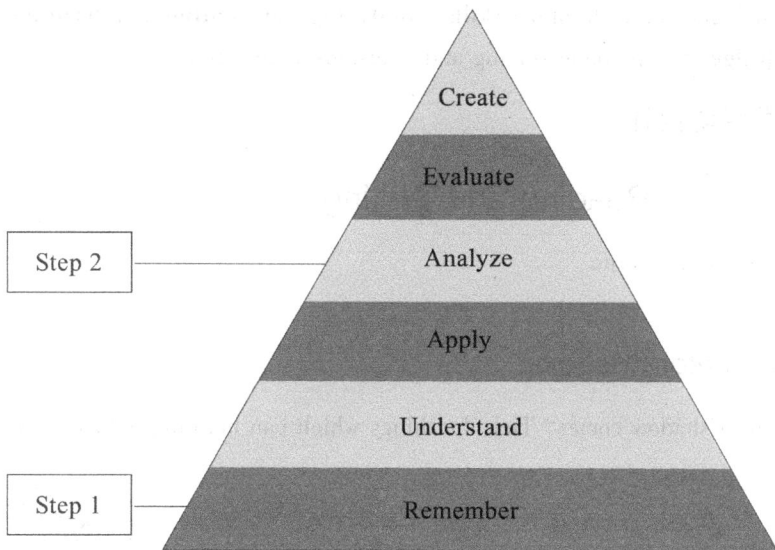

五 六年级下册第一单元活动资源

(一)单元导览

单元话题:个人信息

素材来源:PEP 6B Unit 1 How Tall Are You?

教学目标:

By the end of the lesson, students will be able to

语言目标:

1. **compare** certain features of objects / persons by using the comparative degree of adjectives / adverbs and the sentence pattern: ... is / are ~ er than...;

2. **understand** the conversations in the textbook, choose their favorite schoolbags by comparing the given schoolbags and offer reasons using the sentence patterns: ... is / are ~ er than...; I would like...; ... because...;

3. comprehend the meaning of the story, analyze the main content, and write about their

pleasant changes using the comparative degree of adjectives / adverbs;

4. **understand** the superlative degree of adjectives / adverbs and put the objects / persons into the correct order from the highest degree to the lowest degree;

5. **deduce** the rules for the comparative / superlative degree of adjectives / adverbs and change the given adjectives / adverbs into their corresponding comparative / superlative degree.

非语言目标：

1. **associate** physical knowledge about the production of shadow;

2. **realize** their own progress and have a positive attitude towards their own growth and future;

3. work in groups to finish tasks and to learn from others;

4. **strengthen** their higher order thinking skills：**analyzing**，**evaluating** and **creating**;

5. **compare** and **judge** with problem-solving and decision-making skills.

（二）融思促学活动设计

Reading and Writing

教学素材：Part B Read and Write
教学步骤：

Step 1　Preparation before Reading

1. Do you know how a shadow comes? Tick the things which can help to produce a shadow.

2. Put all the things you ticked into two groups and **match** the pictures with the circles. Then **take down** the characteristics of each group.

3. Do you know how a shadow comes now? Yes, there must be light and opaque objects when a shadow is produced. Then, will the length of the shadow of an object change during a day? How? Observe the picture below and try to **draw** the shadows (Shadow B and Shadow C) of the tree.

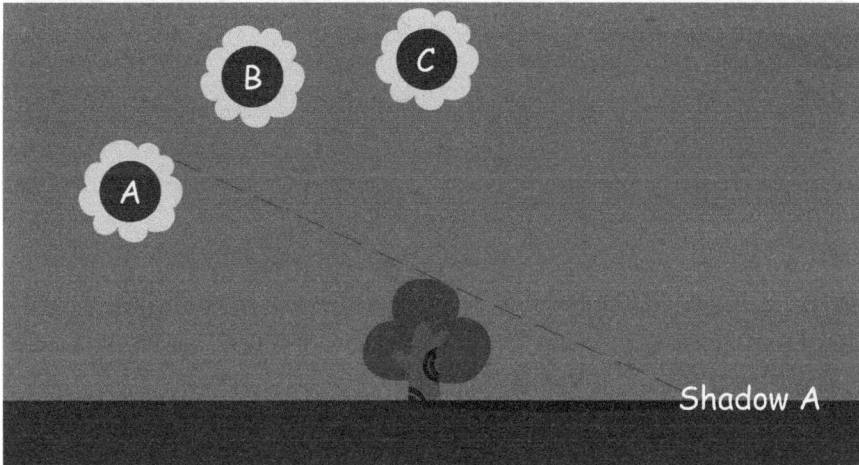

Shadow A

4. **Order** the three shadows from the longest with "1" to the shortest with "3".

Shadow A   Shadow B   Shadow C

Step 2   Reading Comprehension

1. Read and **answer** these questions.

(1) What is Little Duck doing?

He is _____ the sun goes down.

(2) What does Little Duck notice?

His shadow is getting _____ (longer / shorter) when the sun goes lower.

(3) What does Little Duck ask?

Why is his shadow _____ when the sun gets _____?

(4) How does Old Tree answer?

He says that because Little Duck gets _____ so his shadow gets _____ when the sun goes lower.

2. Group work.

(1) Do you agree with Old Tree? **Observe** the picture below and then **draw** the shadows of Little Duck when he gets taller.

Compare the shadows in the picture. Are they getting longer and longer? Is Old Tree right?

（2）**Work out** an answer to Little Duck's question. You may consult the picture in Task 3 of Step 1, your science teacher or the Internet.

Step 3　Writing and Sharing

1. Do you still remember how you looked like when you were in Grade One? Find a picture of you at that time and paste it below.

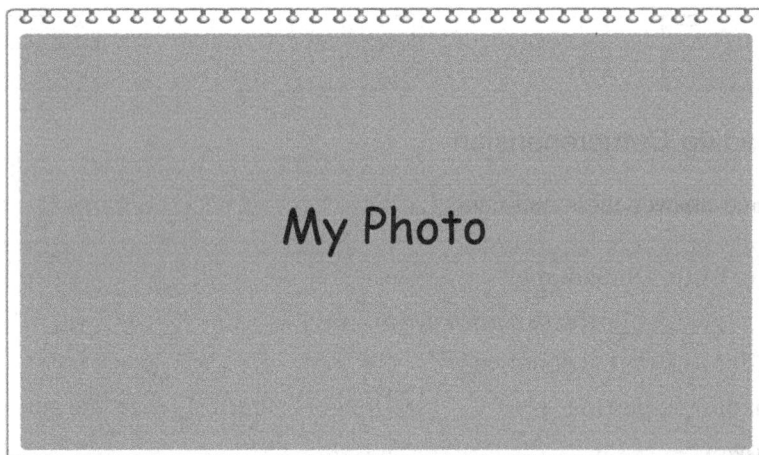

My Photo

2. There are a lot of changes happened to you. Please write down at least eight sentences talking about some of these changes. You may use sentence structures below while writing.

> **Tip:** I am...
> I can...
> My... is...
> I have...

☺	Changes	Results

3. Among all these changes, what are good and what are not so good? **Tick** the good changes in the first column of the above table.

4. Good changes always bring good results, say, when you grow taller, you can see further away. **Work out** some results of these good changes and take them down in Column 3 in the above table.

5. Now you are ready to **write** an essay about your pleasant changes. Follow your teacher and take down the sentences here. You will get a wonderful essay.

My Pleasant Changes

My name is _____. This is a photo of mine when I was six. Now, I'm _____ （现在的年龄）

_____

_____

_____

_____

_____

_____（所有好变化和好结果）

It's _____ to get older. I like what I am!

教学时长:1 hr

教学建议:

1. 读前准备环节。

(1)教师引导学生调取自身储备的有关知识,回想影子产生的原理及要素。

(2)教师提示学生将所给物品分成两类并提炼各自性质:光源和不透明物体。学生不必使用英文表达。教师应特别提醒学生将提炼的性质填写在上一题图示中的圆圈里。

(3)教师引导学生根据太阳在位置 A 时的阴影,画出太阳在位置 B 和 C 时的阴影,要求学生分别命名三个阴影区域为 Shadow A, Shadow B 和 Shadow C。

(4)学生比较三个阴影的长度并排序,从最长到最短分别为 3,2,1。

2. 阅读理解环节。

(1)回答问题:学生根据短文内容填空。

参考答案:

watching; longer; longer; lower; taller / older; longer

(2)小组活动。

画阴影:教师引导学生用笔和尺子把小鸭子长高后的阴影画出来,并让学生观察,随着身体长高,影子是不是长长了。学生在组内讨论并自由评价大树给出的答案。学生可用中文回答。

找答案:学生课后分组完成。教师鼓励学生通过不同的渠道和方式求证答案,并能够将其中的科学原理清楚地讲出来。学生可用中文或英文回答。下节课时可作为课前热身和复习,教师每组请一位代表来介绍本组的发现。

3. 写作与分享环节。

(1)教师课前请每位学生将一张自己一年级时的全身照贴在相应位置。

(2)教师引导学生通过比较今昔尽可能多的发现发生在自己身上变化,并使用"can, am, have, is"等动词引导形容词或副词比较级来描述自己的变化,如:"I have more friends.""I can run faster.""I am taller.""My hair is longer."每位同学至少要写出 8 句话。

(3)教师让学生从已有的变化中勾选出好的、积极的变化并使用"I can..."或者比较级句式来说明积极变化带来的好的结果。学生只需选择其中能够说明好的结果的来写,不必每条都写。

(4)写作时,教师首先让学生把自己的信息填进相关空格中,并写下自己的年纪;然后让学生把在第 2 题表格中的描述好变化和结果的句子一一写进作文里;最后,引导学生得出"长大真好"的结论,并在倒数第二句话中填上"good"。作文就写好了。

思维试纸:

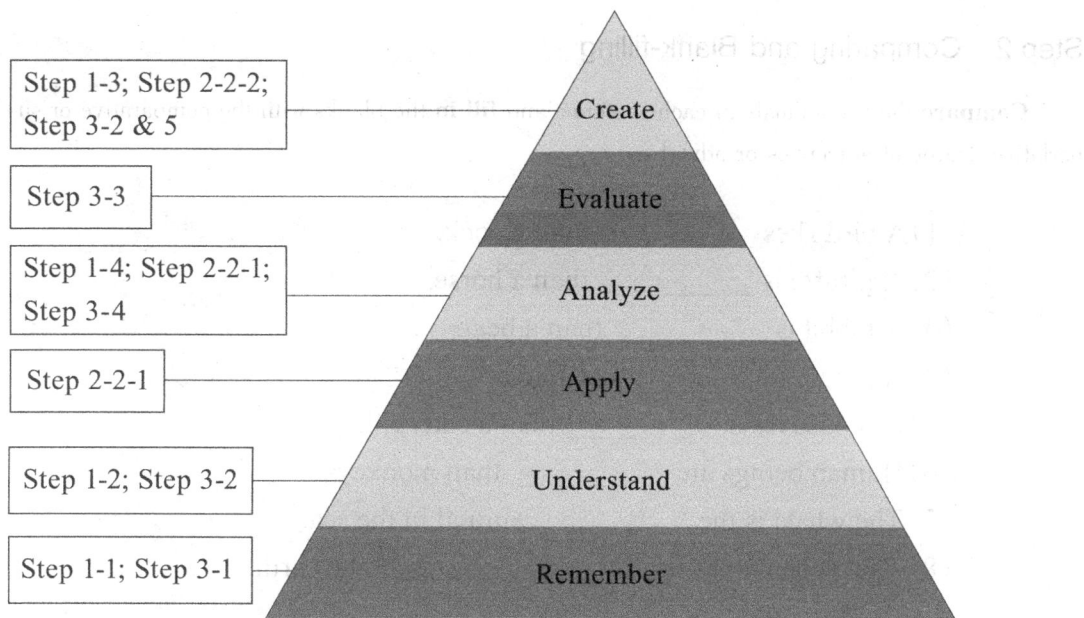

Step 1-3; Step 2-2-2; Step 3-2 & 5	Create
Step 3-3	Evaluate
Step 1-4; Step 2-2-1; Step 3-4	Analyze
Step 2-2-1	Apply
Step 1-2; Step 3-2	Understand
Step 1-1; Step 3-1	Remember

Vocabulary

教学素材：younger, older, taller, shorter, longer, thinner, heavier, bigger, smaller, fatter, stronger, dinosaur, hall, meter, than, both, kilogram, countryside, lower, shadow, smarter

教学步骤：

Step 1　Word-making

Make words with the letters below. Each letter can be used more than once. Write as many words as you can and share your work with your partner.

Step 2   Comparing and Blank-filling

Compare the two animals in each sentence and **fill in** the blanks with the comparative or superlative degree of adjectives or adverbs.

(1) A bird flies _____ than a cock.

(2) A giraffe is _____ than a horse.

(3) A rabbit is _____ than a bear.

(4) A pig is _____ than a goat.

(5) A mouse runs _____ than a caterpillar.

(6) Human beings are _____ than monkeys.

(7) The whale is the _____ animal in the sea.

(8) The elephant has the _____ nose on the earth.

教学时长:30 mins

教学建议:

1. 词汇部分主要用于练习,旨在巩固词汇和语法知识。

2. 学生自行在课前或课后完成。课堂上,学生展示和分享作业,教师纠错。

3. Step 1 为开放式问题,学生可以任意拼写出自己知道的单词,教师可以要求学生写出单词的中文意思,也可以在全班开展比赛看谁写出的正确单词最多。

4. Step 2 中多个小题不止一个答案,教师可以鼓励学生开动脑筋找出动物的差别。参考答案:

(1) higher

(2) taller / heavier / bigger

(3) smaller / lighter

(4) fatter / bigger

(5) faster

(6) smarter / bigger / stronger

(7) biggest

(8) longest

思维试纸：

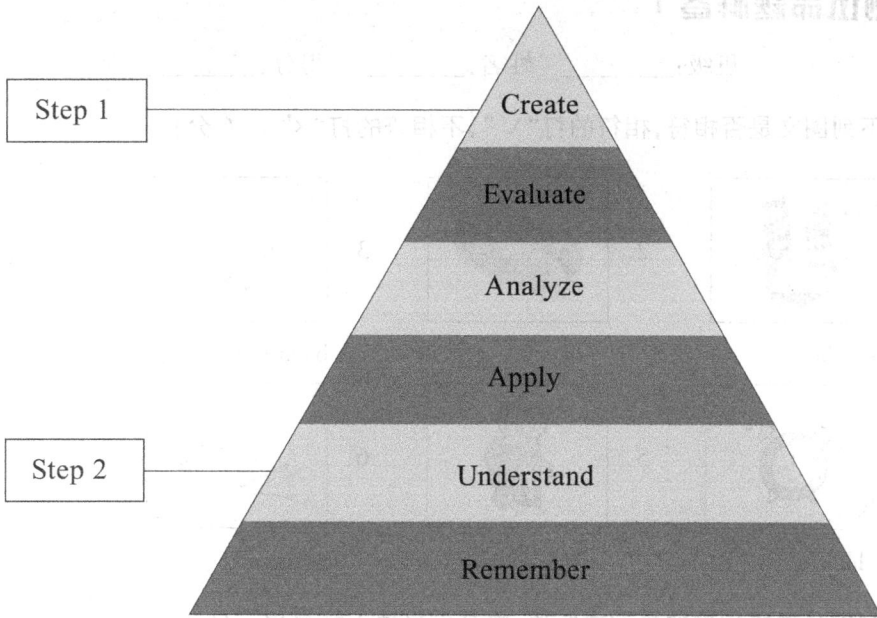

六 测试命题样卷 1

班级：_____ 姓名：_____ 得分：_____

一、判断下列图文是否相符,相符的打"√",不相符的打"×"。(6分)

1. Saturday ( )

2. juice ( )

3. banana ( )

4. clock ( )

5. young ( )

6. mountain ( )

二、给下列图片选择相应的单词或短语,将其序号填入括号里。(6分)

( ) 1. 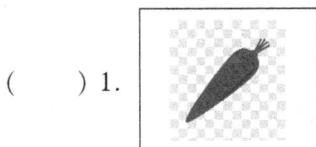　　A. plant　　　　B. photo　　　　C. carrot

( ) 2. 　　A. clean the room　　B. watch TV　　C. do homework

( ) 3. 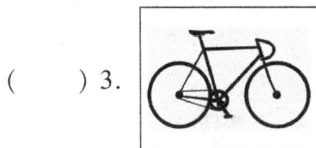　　A. bike　　　　B. cartoon　　　　C. village

( ) 4. 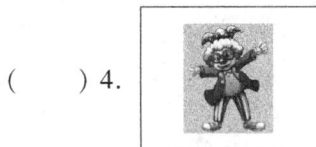　　A. shy　　　　B. helpful　　　　C. funny

( ) 5. 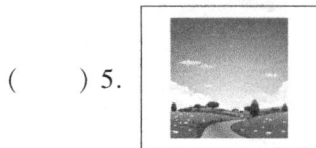　　A. hair　　　　B. river　　　　C. flower

( ) 6. 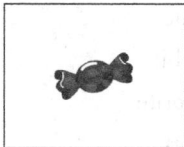   A. polite   B. healthy   C. sweet

三、判断下列单词拼写的正误,正确的打"√",错误的打"×",并改正拼写错误的单词。(10 分)

1. sandwiches　(　　　　)　　　6. brige 　(　　　　)
2. boat 　　　(　　　　)　　　7. weakend 　(　　　　)
3. homewrok 　(　　　　)　　　8. email 　(　　　　)
4. computer 　(　　　　)　　　9. Thirsday 　(　　　　)
5. building 　(　　　　)　　　10. fourest 　(　　　　)

四、从横向、纵向寻找单词(不少于三个字母),并圈出来。(6 分)

l	i	s	t	e	n
t	i	r	e	d	c
a	l	s	b	f	l
b	a	w	a	s	h
i	k	i	d	e	a
a	e	m	p	e	n

五、根据图片拼写单词,将其写在括号里。(6 分)

1. (　　　)    2. (　　　)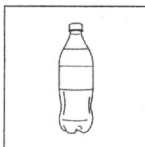

3. (　　　)    4. (　　　)

5. (　　　)    6. (　　　)

六、选出每组中不同类的选项,将其序号填入括号里。(6 分)

( ) 1. A. hungry   B. would   C. thirsty

(   ) 2. A. salad   B. chicken   C. some

(   ) 3. A. food   B. mouse   C. rabbit

(   ) 4. A. tomato   B. pear   C. favorite

(   ) 5. A. lunch   B. breakfast   C. sport

(   ) 6. A. learn   B. sing   C. sunny

七、请按照一定标准将下列单词分成五类,将单词的中文意思填在横线上。(10分)

maths	Monday	fresh	speak	tea	Chinese
Friday	nice	cook	egg	English	Tuesday
hot	play	apple	science	art	Sunday
delicious	sing	ice-cream	Wednesday	bread	good	draw

1. _____

2. _____

3. _____

4. _____

5. _____

八、阅读短文,按要求完成题目。(50分)

A Magic Wish

Helen is a kind girl. Her family is poor (贫穷的). One morning, they only have some fruit for breakfast, so Helen takes the fruit to school. On her way to school, she meets an old woman. The old woman asks her for some food. Helen says, "I only have some fruit. Would you like some?" The old woman says, "Yes, please give me some." Then Helen gives her an apple and a piece of watermelon. The old woman says, "Thank you. Take this feather (羽毛). Make a wish (许愿). Then your wish will come true (实现)." Helen says goodbye to the old woman.

Helen goes home after school. Her family doesn't have any food for dinner. Helen takes out (拿出) the feather, closes her eyes and makes a wish. She blows (吹) very hard. "What a lot of food!" her mother shouts (大喊). Then her mother cooks a large meal (大餐) for all the family. They are very happy.

任务一:根据短文内容,选出正确的选项。(15分)

(   ) 1. Helen is a _____ girl.

       A. strict   B. dirty   C. kind

(   ) 2. Her family have some _____ for breakfast that morning.

       A. onion   B. bread   C. fruit

(   ) 3. The old woman gives a _____ to Helen.

       A. apple   B. watermelon   C. feather

任务二:根据短文内容,判断下列句子正误,正确的打"√",错误的打"×"。(15分)

(   ) 1. Helen eats an apple and a piece of watermelon for breakfast.

（　　）2. The old woman helps Helen because Helen is clever.

（　　）3. Helen cooks a large meal for all the family finally.

任务三:你能想出多少办法帮助 Helen 和她的家人呢? 请用绘画结合文字的方式说明你的方法和理由。(20 分)

七　测试命题样卷 2

班级:_____　姓名:_____　得分:_____

一、判断下列图文是否相符,相符的打"√",不相符的打"×"。(6 分)

1. grape (　　) 　　2. T-shirt (　　) 　　3. computer room (　　)

  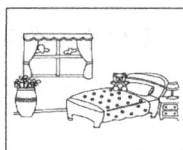

4. whale (　　) 　　5. spaceship (　　) 　　6. dining hall (　　)

二、给下列图片选择相应的单词或短语,将其序号填入括号里。(6 分)

（　　）1. 　　A. PE class　　B. math class　　C. Chinese class

（　　）2. 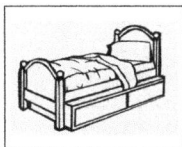　　A. dirty　　B. mess　　C. clean

( ) 3.    A. grass   B. tree   C. leaf

( ) 4.    A. play basketball   B. play football   C. play ping-pong

( ) 5.    A. dance   B. skate   C. walk

( ) 6.    A. height   B. weight   C. age

三、判断下列单词拼写的正误,正确的打"√",错误的打"×",并改正拼写错误的单词。(10分)

1. healthey   (   )   6. looked   (   )
2. taked   (   )   7. changged (   )
3. dynesty   (   )   8. bright   (   )
4. saw   (   )   9. sudenly   (   )
5. watched   (   )   10. younger (   )

四、从横向、纵向寻找单词(不少于三个字母),并圈出来。(6分)

f	h	u	r	t	a
e	o	q	i	r	k
l	b	u	g	a	w
l	b	i	y	c	o
y	y	e	m	e	k
a	c	t	i	v	e

五、根据图片拼写短语，将其写在括号里。（6分）

1. (   ) 2. (   )

3. (   ) 4. (   )

5. (   ) 6. (   )

Make Your Bed Day

六、选出每组中不同类的选项，将其序号填入括号里。（6分）

(   ) 1. A. beach   B. Sanya   C. sea

(   ) 2. A. Labor Day   B. Spring Festival   C. holiday

(   ) 3. A. run   B. grass   C. sky

(   ) 4. A. library   B. kitchen   C. bedroom

(   ) 5. A. centimeter   B. strong   C. kilogram

(   ) 6. A. schoolbag   B. pen   C. gift

七、请按一定标准将下列词分成五类，将单词的中文意思填在横线上。（10分）

fast	wearing	erhu	slow	music room	tall	raining
delicious	playground	slept	talking	piano	violin	visiting
stayed	dining hall	wanted	library	read	guitar	

1. _____

2. _____

3. _____

4. _____

5. _____

八、阅读短文，按要求完成题目。（50分）

Hello, I'm Tim. I didn't like summer before. I thought it was too hot and I couldn't swim. Now I love summer very much. I love to swim and eat ice-cream. My friend Jack didn't like winter before. He thought it was too cold and he couldn't go cycling. Now he likes going skating and playing in the snow. Now we often swim and eat ice-cream together in summer. We sometimes skate and play in the snow in winter.

任务一:根据短文内容,选出正确的选项。(15分)

(   ) 1. Tim didn't like summer before because _____.

      A. he didn't eat ice-cream

      B. he thought it was too hot

      C. he didn't like swimming

(   ) 2. Jack often _____ in summer.

      A. swims and eats ice-cream

      B. swims and goes skating

      C. goes cycling and eats ice-cream

(   ) 3. Tim and Jack sometimes _____ in winter now.

      A. eat ice cream and go cycling

      B. skate and play in the snow

      C. swim and go cycling

任务二:根据短文内容,判断下列句子正误,正确的打"√",错误的打"×"。(15分)

(   ) 1. Jack didn't like summer before.

(   ) 2. Jack thought winter was too cold and he couldn't go skating.

(   ) 3. Tim and Jack often play together now.

任务三:你和家人的喜好有没有发生什么变化?

1. 请写出你/你的家人过去不喜欢的项目及原因。(10分)

What	Why
I didn't like reading.	Because I couldn't read English novels on my own.

2. 请按照中间列提供的频度副词介绍你/你的家人现在喜欢的项目。(10分)

What	Frequency（频度）	How
My grandpa and I like cooking.	every day	We cook together every day.
	often	
	sometimes	

八 阅读技能专项训练

6A Unit 2 Ways to Go to School

Hi, I'm Mike. I'm a hard-working student. Usually, I go to school on foot. Because my home is near the school. Tom is my good friend. We often go to school together. My father is a doctor, and he often goes to work by car. My mother is a teacher, and she often goes to work by bus, but sometimes by bike. On the weekend, I often go to the park with my parents. In the afternoon, I often go to the library by bike. I like reading. After dinner, I like watching TV with my family.

任务一:根据短文内容,选出正确的选项。(15分)

(　　) 1. I often go to school with _____.

　　A. my mother　　　　B. my father　　　　C. Tom

(　　) 2. My mother often goes to work _____.

　　A. by car　　　　　　B. by bike　　　　　C. by bus

(　　) 3. On the weekend I often go to _____ because I like reading.

　　A. school　　　　　　B. the library　　　　C. the park

任务二:根据短文内容,判断下列句子正误,正确的打"√",错误的打"×"。(15分)

(　　) 1. My father often goes to work by bus.

(　　) 2. I sometimes go to the park with my parents and I like watching TV with my family.

(　　) 3. My mother sometimes goes to work on foot because our home is near the school.

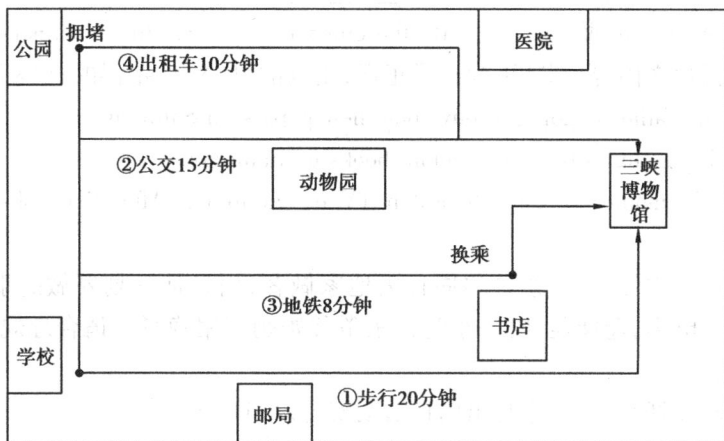

任务三:周日,科技社团准备开展"走进博物馆"专题活动。老师带领团员早上8点从校门口出发去参观三峡博物馆。按照与博物馆讲解员的约定,活动9点开始。请参看右图,选择出行路线和方式后:

1. 描述出行的路线和方式(交通工具)。(6分)

2. 列出途经的建筑。(6分)

3. 用中文或英文描述做出该选择的原因。(8分)

_____

_____

_____

_____

_____

_____

_____

_____

_____

6A Unit 3 Weekend Plan

Hi, I'm Wu Yifan. We are going to have a busy weekend! On Saturday, my father is going to buy some newspapers(报纸). My mother is going to go shopping. I'm going to visit my friend, Mike. On Sunday, my father is going to read a magazine(杂志). My mother is going to watch TV. I'm going to the bookstore. I'm going to buy some comic books. After that, we are going to the cinema.

任务一:根据短文内容,选出正确的选项。(15 分)

(　　) 1. _____ is/am going to visit Mike on Saturday.

       A. My mother   B. My father   C. I

(　　) 2. My mother is going to _____ on Saturday.

       A. watch TV   B. go shopping   C. buy some comic books

(　　) 3. On Sunday, we are going to _____ together.

       A. the bookstore   B. the cinema   C. the supermarket

任务二:根据短文内容,判断下列句子正误,正确的打"√",错误的打"×"。(15 分)

(　　) 1. My father is going to buy some newspapers on Saturday.

(　　) 2. I'm going to buy some comic books on Saturday.

(　　) 3. My mother is going to watch TV on Saturday. After that, she will go to the cinema.

任务三:星期二中午,Jack 邀请你周日去他家做客,周日你计划要做的事情包括:去书店买书,陪妹妹看电影,篮球运动(一小时),去爷爷奶奶家用晚餐。请合理规划你周日的时间,并在下表中:

1. 用英文按照时间先后顺序写出周日活动安排。(10 分)

2. 用中文或英文写出你在某时间段安排该活动的原因。(10 分)

Time	Activity	Reason
7:00-8:00	go to the supermarket	I like to prepare our food early.

6A Unit 5 What Does He Do?

There are many jobs for us. Some jobs are good, and some jobs are bad. If you work hard, I think you can do them well.

John lives in a city with his wife. He is a police officer. He works in a police station. It is not far from his home, so he goes to work on foot every day. His wife is a worker. She works in a factory. It's far. She goes to work by car. When she drives the car. She is very careful.

任务一:根据短文内容,选出正确的选项。(15 分)

( ) 1. John works in _____.

      A. a factory   B. a police station   C. an office

( ) 2. John's wife is a _____.

      A. worker   B. police officer   C. driver

( ) 3. John's wife goes to work by car, because _____.

      A. she does not like walking

      B. she likes driving the car

      C. the factory is far away from her home

任务二:根据短文内容,判断下列句子的正误,正确的打"√",错误的打"×"。(15 分)

( ) 1. John sometimes goes to work on foot.

( ) 2. When John's wife drives a car, she is careful.

( ) 3. The police station is close to John's home.

任务三:学校拟举办一次职业生涯体验活动。小明是班上的数学课代表兼体育委员,对围棋、计算机和航模等很感兴趣。小悦是班上的学习委员,非常热心,唱歌跳舞不错,同学们都喜欢和她玩。请根据小明和小悦的情况为他们的职业规划给出建议:

1. 用英文分别写出你建议小明和小悦未来从事的职业。(10 分)

例:football coach

_____

_____

2. 用中文或者英文说明你给出以上建议的理由。(10 分)

例:Xiaoming can be a football coach, because he likes playing football and keeps practicing.

_____

_____

_____

_____

6B Unit 2 Last Weekend

Yesterday was Saturday. I got up at 7:30. Then I made my bed. I had breakfast at 8:00. Then I washed my clothes and cleaned my room. In the afternoon, I saw a film with my friends. I had a good time yesterday.

任务一:根据短文内容,选出正确的选项。(15 分)

(   ) 1. I had breakfast _____.

      A. at 7:30   B. at 8:00   C. in the afternoon

(   ) 2. I _____ with my friends in the afternoon.

      A. made my bed   B. washed myclothes C. saw a film

(   ) 3. After I got up, I did _____ things yesterday.

      A. 3   B. 5   C. 4

任务二:根据短文内容,判断下列句子的正误,正确的打"√",错误的打"×"。(15 分)

(   ) 1. I cleaned my room on Sunday.

(   ) 2. I didn't have a good time yesterday.

(   ) 3. The time between I got up and had breakfast is 30 minutes.

任务三:假设你是小明,上周度过了"黑色的一周":周一打瞌睡,周二上学迟到了,周三忘记了带英语书,周四上学路上淋湿了,周五感冒了。

1. 用英文写出上周发生的事情中你最想改变的三件事及原因。(10 分)

想改变的事情	原因
e. g. I forgot to wash my clothes.	I didn't write it in my notebook.

2. 用中文或者英文说明你针对选定的三件事,准备采取什么措施进行改变。(10 分)

例:Wash my clothes after taking a shower.

_____

_____

_____

_____

6B Unit 3 Where Did You Go?

Monday, April 28th

    Today was a rainy day. It was bad. In the morning, Robin and I went to Wu Yifan's home by bus. It was Wu Yifan's birthday. I bought some pictures for him. He liked them very much. We ate the birthday cake and lunch together. In the afternoon, we played games. We had a good time.

任务一:根据短文内容,选出正确的选项。(15 分)

(   ) 1. Monday was _____ birthday.

      A. Robin's   B. Wu Yifan's   C. my

(   ) 2. We _____ in the afternoon.

      A. played games   B. had lunch   C. ate birthday cake

(   ) 3. I ate birthday cake with _____.

1. Robin   B. Wu Yifan's parents   C. Robin and Wu Yifan

任务二:根据短文内容,判断下列句子的正误,正确的打"√",错误的打"×"。(15 分)

( ) 1. We ate lunch together.

( ) 2. Wu Yifan didn't like the pictures.

( ) 3. We had a bad day but also a good day.

任务三:你的上一次生日是怎么度过的呢?

1. 请用英文按照时间先后顺序梳理你生日那天的主要活动。(10 分)

Time	Activity
7:00-8:00	went to the supermarket with mom and dad

2. 请用英文写一个段落介绍你生日当天的主要活动和整体感受。(10 分)

_____

_____

_____

_____

_____

九 调查问卷

关于英语课程学习的问卷调查

亲爱的同学,你好!

六年级的英语课程学习即将结束,你的学习体验与收获如何呢? 请根据你的**实际情况**,花 5-8 分钟匿名客观完成本问卷。

问卷结果仅用于科学研究,为后续小学英语教学改革提供参考,**不用于对你的学业评价、对教师的教学评价,不记入你的学籍档案**。

与此同时,祝贺你历经 6 年的成长即将顺利毕业并开启初中生活,祝愿你在新的学校学习愉快!

《儿童英语阅读能力与思维技能双发展实验研究》课题组

2020 年 6 月 9 日

1. 你的性别 _____ 。

A. 男   B. 女

2. 你所在的班级 _____ 。

A. D 班   B. E 班   C. F 班   D. 其他班级

3. 对于 6 年级的英语课,你 _____ 。

A.非常不喜欢　B.比较不喜欢　C.一般　　　D.比较喜欢　　　E.非常喜欢

4.关于以下课堂活动,根据你六年级时在**英语课堂**上的**参与程度**,在对应的方框内打"√"。

	没有	非常少	比较少	一般	比较多	非常多
A.举手						
B.发言						
C.思考						
D.讨论						
E.汇报表演						

5.关于以下**英语词汇**学习活动,(1)**哪些**是你在六年级的学习中**经历了的**,在这些活动**前面的括号里打"√"**;(2)**在右边的框内**勾选你对**所有活动**的喜欢程度。

	非常不喜欢	比较不喜欢	一般	比较喜欢	非常喜欢
(　)A.用图片或实物辅助学习词汇(词汇与图像结合)					
(　)B.用歌曲或音频辅助学习词汇(词汇与声音结合)					
(　)C.带读、跟读					
(　)D.根据图片、声音等提示回想词汇					
(　)E.根据图片、声音等线索匹配词汇					
(　)F.对词汇进行整理(分类或排序)					
(　)G.用视频辅助学习词汇(词汇与声音、图像结合)					
(　)H.用思维导图和其他图示学习词汇					
(　)I.在字母迷宫中辨别出单词					
(　)J.反复抄写					
(　)K.反复拼读					
(　)L.其他1(填写)_____					
(　)M.其他2(填写)_____					

6. 在第 5 题所列的英语词汇学习活动中,哪些对你的词汇学习帮助大? 请选出**前 5 项并从高到低进行排序**,在括号中填写选项序号。

(　　) > (　　) > (　　) > (　　) > (　　)

7. 关于以下英语阅读学习活动,(1)**哪些活动**是你在六年级的学习中**经历了的**,在这些活动**前面的括号里打"√"**;(2)**在右边的框内**勾选你对**所有选项**的喜欢程度。

	非常不喜欢	比较不喜欢	一般	比较喜欢	非常喜欢
(　) A. 跟读					
(　) B. 指读					
(　) C. 默读					
(　) D. 根据中文意思直接在原文中找信息					
(　) E. 读后为生活中遇到的相关问题寻找解决方案					
(　) F. 采用思维图形对原文进行解读					
(　) G. 采用思维图形辅助复述					
(　) H. 翻译原文					
(　) I. 读后对相关主题的某个案例进行判断并说明理由					
(　) J. 根据文章内容进一步推理、判断					
(　) K. 汇报表演					
(　) L. 读后谈论自己的相关生活与经历					
(　) M. 读后为生活中遇到的类似问题做决定					
(　) N. 直接复述					
(　) O. 读后对相关主题的某件事情的过程进行描述并说明先后顺序					
(　) P. 使用思维图形对阅读材料进行再次理解					
(　) Q. 背诵					
(　) R. 其他 1(填写)＿＿＿＿					
(　) S. 其他 2(填写)＿＿＿＿					

8. 在第 7 题所列的英语阅读活动中,哪些对你的阅读学习帮助大? 请选出前 **8 项并从高到低进行排序**,在括号中填写选项序号。

(   ) > (   ) > (   ) > (   ) > (   ) > (   ) > (   ) > (   )

9. 区分单词"apple"和"peach",你会采用下列哪种方式?

    A. 排序   B. 比较   C. 分类   D. 概括

10. 记忆方框中这组词汇,你会采用下列哪种方式?

car	sandwich	watch	hotdog	see	train	noodle	read	plane

    A. 反复拼读   B. 反复抄写   C. 先排序再记   D. 先分类再记

11. 分析 Mike 英语学习积极性高涨的原因和结果,你会采用下列哪种图形?

    A. 思维导图   B. 树形图   C. 复流程图   D. 双气泡图

12. 对你所了解到的新冠肺炎疫情进行汇报,你会采用下列哪种图形?

    A. 思维导图   B. 桥形图   C. 复流程图   D. 双气泡图

13. 在六年级的英语词汇和阅读学习中,你遇到了哪些困难和挑战?

                                       感谢你的参与! 再次祝初中学习生活愉快!